Kyle Idleman

Das Ende vom Ich

Dem echten Leben Raum geben

Aus dem Amerikanischen von Wolfgang Günter

SCM

Stiftung Christliche Medien

Der SCM Verlag ist eine Gesellschaft der Stiftung Christliche Medien, einer gemeinnützigen Stiftung, die sich für die Förderung und Verbreitung christlicher Bücher, Zeitschriften, Filme und Musik einsetzt.

© der deutschen Ausgabe 2016 SCM-Verlag GmbH & Co. KG · 58452 Witten
Internet: www.scm-brockhaus.de; E-Mail: info@scm-verlag.de

Die Bibelverse wurden folgender Ausgabe entnommen:
Neues Leben. Die Bibel, © 2002 und 2006 SCM-Verlag GmbH & Co. KG, Witten.
Weiter wurde(n) verwendet:
Elberfelder Bibel 2006, © 2006 by SCM-Verlag GmbH & Co. KG · 58452 Witten.
(ELB)

Die amerikanische Originalausgabe erschien unter dem Titel
THE END OF ME © 2015 by David C Cook,
4050 Lee Vance View, Colorado Springs, Colorado 80918 U.S.A.

Umschlaggestaltung: Provinzglück GmbH – www.provinzglueck.com
Satz: Christoph Möller, Hattingen
Druck und Bindung: CPI books GmbH, Leck
Gedruckt in Deutschland
ISBN 978-3-417-26785-3
Bestell-Nr. 226.785

Für Dave Stone, Tony Young und Don Gates. Es ist mir eine Ehre, mit euch zusammen von den Geheimnissen des Evangeliums zu erzählen. Euer Dienst und die Opfer, die ihr bringt, um das Reich Gottes voranzutreiben, inspirieren mich.

Inhalt

Einleitung 7

Ein Brief an mich 12

Teil 1: Wo der Segen beginnt 15

1 Zerbrochen, um heil zu werden 17

2 Trauern, um glücklich zu sein 34

3 Erniedrigt, um erhöht zu werden 56

4 Authentisch leben 80

Teil 2: Wo Stärke beginnt 101

5 Leer, um gefüllt zu werden 103

6 Hilflos, um befähigt zu werden 124

7 Unqualifizierte Bewerber 145

8 Schwach, um stark zu sein 165

Fragen zum Weiterdenken 203

Quellen 206

Einleitung

Ich saß in meinem Gemeindebüro, starrte auf den leeren Bildschirm und bereitete mich darauf vor, diese Einleitung zu schreiben, als mein Assistent mich daran erinnerte, dass ich noch einige Anrufe machen musste. Ich entschloss mich, das zu erledigen, bevor ich mich ans Tippen machte.

Beim ersten Anruf erwischte ich nur den Anrufbeantworter und hinterließ eine Nachricht. Der nächste Anruf würde nicht so leicht sein. Ich musste Brian zurückrufen. In meinen Notizen las ich, dass sein achtzehn Monate alter Sohn einige Monate zuvor gestorben war. Die Einzelheiten kannte ich nicht, doch als Vater von vier Kindern konnte ich nur erahnen, wie es ihm ging. Ich betete, während ich die Nummer wählte. Brian meldete sich mit einem tonlosen „Hallo". In den letzten zwanzig Jahren hatte ich eine Menge dieser Gespräche führen müssen und wusste, dass es da nicht viel gab, was ich sagen konnte. Nachdem ich ihm also mein Beileid ausgesprochen hatte, schwieg ich erst einmal, um mich auf das Gespräch einzulassen. Nach einigen Augenblicken sagte Brian etwas, auf das ich nicht vorbereitet gewesen war.

„Ich habe ihn beim Zurücksetzen mit dem Auto überfahren."

Wieder Schweigen, während ich seine Worte sacken ließ.

Ich sagte ihm, dass ich das nicht gewusst hatte, und fragte ihn, ob er mir erzählen wollte, was genau passiert war. Er erklärte mir, dass sie nicht gewusst hatten, dass ihr Sohn nach draußen gegangen war. Genauer gesagt, sie hatten nicht einmal gewusst, dass ihr Sohn schon in der Lage war, die Tür aufzumachen, um nach draußen zu gehen. Ich hörte zu und fragte mich, wie Eltern mit einem solch schrecklichen Unfall fertigwerden können. Als er erzählt hatte, was sie alles durchgemacht hatten, stellte ich ihm eine Frage, die in solchen Augenblicken immer lächerlich klingt: „Wie geht es Ihnen?"

Glauben Sie mir, ich weiß genau, dass das keine besonders gute Frage ist. Was soll man darauf schon antworten? Doch ich wusste, dass er mich einige Wochen nach diesem Unfall nicht ohne Grund angerufen hatte. Ich nahm an, dass er etwas auf dem Herzen hatte, das er mir mitteilen wollte. Nachdem er mir von seinem schrecklichen Erlebnis erzählt hatte, sagte er, dass er Jesus auf ganz neue Art entdeckt habe. Früher war er hin und wieder zum Gottesdienst gegangen, mehr aus Tradition, und nun suchte er in seiner Verzweiflung Trost in Gottes Armen. Auf meinem Computer hatte ich gerade meine Textverarbeitung geöffnet, weil ich die Einleitung für dieses Buch schreiben wollte, und ohne überhaupt darüber nachzudenken, tippte ich schnell ein, was er gesagt hatte:

„Ich habe das Gefühl, ich habe in meinem Leben den Punkt erreicht, wo mir absolut nichts mehr geblieben ist. Und nun stellt sich heraus, dass Jesus für mich zum ersten Mal in meinem Leben real geworden ist. Wissen Sie, was ich meine? Ist das ungewöhnlich?"

Ja, ich weiß, was er meint. Und nein, ungewöhnlich ist das nicht.

Als er merkte, dass er am Ende war, entdeckte er Jesus. Ich betete für Brian und seine Familie. Dann legte ich auf und fragte mich, wie viele andere Menschen dieses wunderbare Paradoxon schon an sich selbst erfahren hatten. Ich ging auf die Facebook-Seite und postete Folgendes:

„Vervollständige diesen Satz: Jesus wurde für mich real, als …"
Innerhalb von wenigen Stunden erhielt ich Hunderte von Antworten. Einige davon waren allgemein gehalten:

- ich nicht länger vortäuschen konnte, alles unter Kontrolle zu haben.
- ich zugeben musste, dass ich nichts selbst in Ordnung bringen konnte.
- ich erkannte, dass ich nicht stark genug bin.
- es niemanden mehr gab, an den ich mich wenden konnte.
- ich jeden Menschen enttäuscht hatte, der mir wichtig war.

Andere Antworten waren konkreter: Jesus wurde für mich real, als …

- ich gestern erfahren habe, dass ich noch drei Monate zu leben habe. Ich leide an Krebs im vierten Stadium.
- ich herausgefunden habe, dass mein Mann eine Affäre hat. Noch nie habe ich mich so allein gefühlt.
- ich auf meinem Bett gesessen habe, in der Hand die Pistole meines Vaters. Aber bevor ich den Abzug drückte, habe ich noch einmal gebetet. Ich kann mich nicht erinnern, wann ich zum letzten Mal gebetet habe.
- mir klar wurde, dass ich meine Sucht nicht mehr unter Kontrolle habe.
- die Scheidungspapiere mit der Post kamen und ich nicht mehr vorgeben konnte, dass ich alles in Ordnung bringen kann.
- Jesus mich an einem der dunkelsten Orte dieser Welt anrührte, in einem Strip-Club, und mir deutlich machte, dass er mich liebt. Ich begriff, dass es keinen Ort auf dieser Welt gibt, wo er mich nicht finden kann.
- meine Depression so schlimm wurde, dass ich sie nicht mehr ertragen konnte.
- man mich nach dreißig Jahren in derselben Firma hinauswarf und ich keine Ahnung hatte, was ich jetzt tun sollte.
- ich schwanger war, meine Nieren versagten und die Ärzte mir zu Abtreibung rieten. Zum ersten Mal seit langer Zeit betete ich wieder. Meine Tochter ist heute dreiundzwanzig.
- ich endlich einräumte, dass ich nicht stark genug bin, um meine Ehe zu retten und meine Pornosucht zu überwinden.
- mein Mann bei einem Autounfall ums Leben kam.
- die Ultraschalluntersuchung ergab, dass das Herz meines Babys nicht mehr schlug.

Und dann las ich eine Antwort, in der alles auf einen Nenner gebracht wurde. Was Brian und meine Facebook-Freunde gesagt hatten, lässt sich in diesem einen Satz zusammenfassen:

Jesus wurde für mich real … als ich am Ende war.

Obwohl die meisten von uns auf ein wichtiges Ereignis in ihrem Leben wie eins der oben erwähnten hinweisen können, ist der Moment, an dem wir wirklich am Ende und alle eigenen Ressourcen erschöpft sind, nicht einfach nur ein Augenblick von vielen. Am Ende anzukommen, die eigenen Grenzen zu erreichen, das ist ein Weg, den ich jeden Tag gehen muss, denn hier zeigt sich Jesus und mein wirkliches Leben mit ihm beginnt.

Wenn mein Ich seinen Willen bekommt, entgeht mir das wirkliche Leben, das Gott für mich im Sinn hat.

An meine eigenen Grenzen zu kommen und auf diese Weise am Ende zu sein, ist kein leichter Weg, denn dorthin will ich nicht gehen. Ich mag es nicht, damit konfrontiert zu werden, ich will vorwärtskommen und Erfolg haben. Viel lieber würde ich ein Buch lesen, in dem steht, wie ich weiterkomme, nicht, wie ich an meine Grenzen stoße. In Lukas 9,24 aber sagt Jesus: „Wer versucht, sein Leben zu retten, wird es verlieren. Aber wer sein Leben für mich aufgibt, wird es retten." Er sagte überhaupt viele Dinge, die unsere Vorstellungen auf den Kopf stellen.

Eins habe ich begriffen: Wenn mein Ich seinen Willen bekommt, entgeht mir das wirkliche Leben, das Gott für mich im Sinn hat. Das Leben, in dem ich andere liebe und etwas in der Welt bewirke.

Möchten Sie nicht auch so ein Leben führen? Wenn ja, lade ich Sie ein, mich auf diesem Weg zu begleiten und die auf den Kopf gestellten, paradoxen Worte Jesu zu betrachten, die Ihnen helfen werden, Ihre eigenen Grenzen zu erreichen, bis Sie am Ende sind.

Warum sollte ich das wollen?, fragen Sie vielleicht. Weil Sie, das vermute ich jedenfalls, mehr von diesem Leben erwarten als nur äußerlichen Erfolg. Sie erwarten mehr als einige flüchtige Glücksmomente.

Sie wollen …
… lieben und geliebt werden.
… etwas in dieser Welt bewirken.
… zufrieden und vorbereitet sterben.

Im ersten Teil dieses Buchs werden wir uns vier Seligpreisungen aus der Bergpredigt anschauen. Sie können dazu beitragen, uns auf den Weg zum wahren Leben zu schubsen, auch wenn uns das manchmal gegen den Strich geht. Ich möchte Sie schon jetzt warnen, dass vieles von dem, was Jesus gesagt hat, dem zu widersprechen scheint, was wir als normal akzeptiert haben. Und das Leben, zu dem er uns einlädt, steht nicht nur zu unserer Kultur im Gegensatz, sondern auch zu unserer Intuition. Häufig widerspricht es dem, was wir als richtig empfinden. Jedes Kapitel dreht sich um ein paradoxes Jesuswort. Jesus zeigt uns, dass wir dort Segen empfangen und Erfüllung erleben, wo wir es am wenigsten erwarten – dort, wo wir an unsere Grenzen stoßen.

Wenn wir dann an unsere Grenzen stoßen und endlich einsehen, dass wir selbst nicht stark genug, klug genug oder talentiert genug sind, dann kann uns Gott – und darin liegt eine gewisse Ironie – am besten gebrauchen. Damit befasst sich der zweite Teil dieses Buchs.

Wirkliches Leben finde ich da, wo ich an meine Grenzen stoße. Ich bete, dass Jesus Sie bei der Lektüre dieses Buchs an Ihre Grenzen führt – dorthin, wo Ihr Ich aufhört und das wirkliche Leben in ihm beginnt.

Ein Brief an mich

Liebes Ich,

ich kenne dich schon, solange ich denken kann.

Einmal habe ich den Spruch gehört, dass es „einen Freund gibt, der dir näher steht als dein Bruder", und ja, das stimmt für uns, obwohl die Redensart wahrscheinlich anders gemeint ist. Ich stehe vielen Menschen nahe, aber du und ich, das ist schon etwas ganz Besonderes. Wenn ich zurückblicke, muss ich sagen, dass ich dich immer gut behandelt habe. Genauer gesagt, habe ich dich öfter, als ich zählen kann, vor allem und jedem den Vorrang eingeräumt. Stimmt's? Als wir noch Kinder waren, habe ich immer versucht, dafür zu sorgen, dass du ganz vorne stehst. Ich habe es immer so gedreht, dass du den größten Keks auf dem Teller abbekommst, den besten Parkplatz, den bequemsten Sessel.

In der Schule habe ich genau darauf geachtet, was dir gefällt, und mich dafür eingesetzt, dass du es bekommst. Du standest gern im Mittelpunkt, und deshalb habe ich alles getan, was in meiner Macht stand, damit man dir auch Aufmerksamkeit schenkte. Du stehst bis heute gern im Rampenlicht, darum versuche ich es immer so einzufädeln, dass das so bleibt. Heute haben wir das Internet, und damit stehen mir noch mehr Werkzeuge zur Verfügung. Ich poste nur die Bilder, die dich von deiner besten Seite zeigen. Jeder würde glauben, dass du deine Träume auslebst. Hast du die Kommentare gesehen, die unter deinen Posts stehen? Wenn du mit Problemen zu kämpfen hattest, habe ich alles versucht, damit das unser kleines Geheimnis bleibt. Ich habe versucht, dich glücklich zu machen.

Stimmt schon, es war einfacher, dich glücklich zu machen, als du noch ein süßer Dreikäsehoch warst. Du musstest nur einen Wutanfall bekommen, und schon war die Sache geregelt. Als wir älter wurden, musste ich etwas dezenter vorgehen. Immer noch wolltest du gewinnen und deinen Willen durchsetzen – während du dabei demütig und anspruchslos gewirkt hast. Gar nicht so einfach. Und auf die Dauer sehr anstrengend.

Nehmen wir beispielsweise mal die Ehe. Ich habe versprochen, meine Frau zu lieben und zu ehren, ihre Bedürfnisse über meine zu stellen, aber dauernd bestehst du darauf, an erster Stelle zu kommen. Manchmal höre ich mitten in der Nacht eine leise Stimme in meinem Kopf, die mir sagt: „Psst, steh auf und kümmere dich um das Baby, damit deine Frau durchschlafen kann." Ich weiß, dass das nicht deine Stimme ist, denn du stehst höchst ungern um drei Uhr morgens auf. In solchen Fällen meldest du dich zu Wort und sagst: „Tu einfach so, als hättest du nichts gehört und würdest noch schlafen", und meistens füge ich mich und stelle deine Bedürfnisse über ihre.

Ja, ja, ich kenne deine Argumente, wenn du dich verteidigst, aber du neigst dazu, nicht alle Informationen mitzuteilen. Neulich im Sportgeschäft zum Beispiel, das war nicht gerade deine Sternstunde. Ich freue mich mit dir, wenn du begeistert bist, aber wir hätten uns vorher ansehen sollen, was dein Budget erlaubt.

Langweiliges Zeugs wie Rechnungen oder Konsequenzen oder das, was morgen geschieht, interessiert dich nämlich nicht. Mehr als einmal habe ich Menschen um deinetwillen mit barschen Worten angefahren, und du hast mich nie gewarnt, was ich damit anrichten konnte. Du hast mir nie gesagt, dass ich ein Wort nicht mehr zurückholen und ungeschehen machen kann.

Ich liebe dich, mein Ich. Aber ich kann nicht dauernd nur für dich leben. Du hast immer behauptet, wenn ich nur dafür sorge, dass du glücklich bist, würde auch ich glücklich sein – so einfach ist das. Aber weißt du was? So einfach ist das gar nicht. Und das war es auch noch nie.

Mein liebes Ich, ich habe dir die Kontrolle über mein Leben anvertraut. Du durftest bestimmen, aber es stellt sich heraus, dass man dir nicht vertrauen kann. Du beharrst darauf, dass du den Weg kennst, aber irgendwie landen wir dann immer in einer Sackgasse. Ich habe mich nach anderen Möglichkeiten umgeschaut und mich nun entschlossen, es mit einem anderen Weg zu probieren. Er ist eng und nicht einfach zu bewältigen. Nur wenige Menschen haben sich entschieden, diesen Weg zu gehen, aber er führt zum wirklichen und erfüllten Leben.

Aber – und das kann ich dir nicht schonend beibringen – ich kann diesen Weg nur gehen, wenn du mich nicht begleitest.

Das war's dann also mit dir und mir.

Mit freundlichen Grüßen
Dein Ich

Teil 1
Wo der Segen beginnt

Kapitel 1

Zerbrochen, um heil zu werden

Es ist mitten in der Nacht und ich kann nicht einschlafen. Irgendwie sitze ich auf einmal vor dem Computer. Auf dem Monitor sehe ich die Seite von YouTube. Und hier läuft ein Video mit dem Titel „Evolution of Dance".[1]

Ach, Sie haben auch schon davon gehört?

Ja, natürlich haben Sie das. Auf der YouTube-Seite erfährt man, dass das Video 286 488 088 Mal angeklickt wurde, und ich weiß, dass Sie auch dazugehören. Sagenhafte.286 488 089 Mal. Ich muss es einfach noch einmal anschauen. Aber weiter im Text ...

Während ich auf der Suche nach einem weiteren anregenden Video bin, werde ich Opfer des YouTube-Schleudertraumas.* Gerade schaute ich noch zu, wie jemand die ganze Nacht durchtanzt, und jetzt sehe ich einen Dokumentarfilm über ein verarmtes Dorf in Paraguay.

Stimmt, ein ziemlich abrupter Wechsel. Zunächst geht es in diesem Video genau um das, was man auch erwartet – man sieht Bilder von bitterer Armut. Das Dorf wurde auf einer Müllhalde errichtet, wo jeden Tag 1500 Tonnen Abfall entsorgt werden. Soweit das Auge reicht, sieht man Berge von Müll.

Über einhundert Bewohner verdienen sich ihren Lebensunterhalt damit, sich durch den Abfall zu wühlen und Dinge zu finden, die man wiederverwerten kann, um sie zu verkaufen. Auf meinen Reisen in Entwicklungsländern habe ich so etwas mit eigenen Augen gesehen. YouTube kann allerdings den *Gestank* nicht wiedergeben. Man findet ihn auf allen Müllhalden: den Geruch der Hoffnungslosigkeit. Die Situation ist so schrecklich, dass man nicht weiß, wie man eingreifen und helfen kann. Aber schauen Sie sich das Video weiter an.

---

* YouTube-Schleudertrauma: Phänomen, das auftritt, wenn man aus Versehen und völlig planlos von einem Video-Genre zum nächsten wechselt.

Schon bald erfahre ich, dass dieses Dorf in Paraguay nicht nur wegen seiner Müllkippe bekannt ist. Von allein würde man nie drauf kommen, wenn man das Video nicht gesehen hat. Dieses Dorf ist berühmt, weil es – halten Sie sich fest – ein erstaunliches Orchester besitzt.

Nein, kein normales Großstadtorchester mit Stradivari-Geigen, einem Flügel und schwarz gewandeten Musikern. Nein, es handelt sich um ein Kinderorchester, und alle Musiker leben in dem Slum rund um die Müllhalde herum. Favio Chavez, ein junger Profimusiker, kam eines Tages zufällig in diese Gegend. Die Lebensbedingungen hier schockierten ihn, und er sah, dass niemand etwas dagegen tat. Also kündigte er an, dort eine kleine Musikschule zu eröffnen.

Schon bald meldeten sich jede Menge Kinder an. Sie wollte gern etwas lernen, doch Musikinstrumente hatten sie nicht. Chavez ließ sich etwas einfallen. Er hatte Nicolas Gomez kennengelernt, einen Abfallsammler, der in einem Müllhaufen praktisch alles finden konnte. „Ich möchte, dass du für mich nach etwas Besonderem Ausschau hältst", meinte Chavez zu ihm. „Bring mir alles, aus dem wir Musikinstrumente recyceln können."

Aber wie?

Sie bauten tatsächlich ein Cello aus einem alten Ölfass und weggeworfenen Kochutensilien, eine Flöte aus winzigen Konservendosen, ein Schlagzeug, indem sie alte Röntgenfotos als Fell benutzten, eine Violine aus einer verbeulten Aluminiumschüssel und Gabeln, die als Stimmwirbel herhielten.

Wenn Sie oder ich diesen Ort besucht hätten, hätten wir die Hoffnungslosigkeit gesehen, gerochen und gespürt. Chavez *hörte* – und er hörte nicht das, was war, sondern was sein *könnte*. Er hörte die Musik, die aus dieser übel riechenden Müllhalde aufstieg. Die Musik der Hoffnung.

Heute ist diese Gruppe unter der Bezeichnung Müllorchester bekannt, nur um zu zeigen, dass man auf einer Müllhalde leben und trotzdem noch einen Sinn für Humor haben kann. Hier gibt es also ein Orchester, in dem Kinder aus einem Slum auf Instrumenten spielen, die aus Abfall recycelt wurden.[2] Sie können Ihren Rechner hochfahren und es sich gleich ansehen, wenn Sie versprechen, dass Sie sich von dem YouTube-Video mit den sprechenden Katzen fernhalten.

Sie und ich leben in einer Wegwerfgesellschaft. Uns würde es niemals in den Sinn kommen, etwas Schönes aus Müll zu recyceln – nicht, wenn Amazon mit funkelnagelneuen Dingen nur einen Mausklick entfernt ist. Sie haben gerade etwas kaputt gemacht? Einfach verschrotten. Neues shoppen.

Wenn ich jetzt die Evangelien aufschlage, höre ich dazu einen Soundtrack. Die Musik des Müllorchesters scheint aus jeder Seite zu klingen. Ich kann sie hören, weil ich die ganze Geschichte kenne und die Verbindungen verstehe. Jesus verließ seinen himmlischen Thron, um auf die Erde zu kommen, in diesen Slum an der Müllhalde. Er verzichtete auf Vollkommenheit, um sich auf Schmerz und Zerbrochenheit einzulassen. Und er sagte: „Spielt mit, macht Musik!" Er hörte Weinen und Klagen und verwandelt es in Lachen.

Sie nannten ihn einen Narren, einen fehlgeleiteten Fanatiker. In der Welt, in die er gekommen war, herrschte Hoffnungslosigkeit - doch selbst wenn ich Ihnen hundert Versuche einräumen würde, würden Sie nie erraten, was Jesus alles tun kann, wenn er in diesem Müllhaufen gräbt und verrottete, kaputte Fragmente menschlichen Lebens zutage fördert.

Die Predigt am Berg

Die bekannteste Predigt, die Jesus gehalten hat, ist die Bergpredigt – hier am Berg erklärt er den Jüngern zum ersten Mal, dass man ganz anders leben kann.

Er trägt das Reich Gottes in die Müllhalde hinein, die unsere Erde darstellt, und den Leuten ist unbehaglich zumute. Diese Vorstellungen gehen den Leuten gegen den Strich, genau wie die Ideen, die

Chávez hatte. Bei ihm ist oben unten, Müll ist ein wertvoller Schatz. Jesus zeigt uns das große Paradoxon von Gottes Reich: Wo ich an meine Grenzen stoße und am Ende bin, finde ich wirkliches Leben in ihm.

In Matthäus 5,1 lesen wir, dass Jesus die Menschenmenge sieht, auf einen Berg steigt und sich hinsetzt, um vor den dort Versammelten zu sprechen. Wenn Sie wie ich ticken, überspringen Sie gern die Verse, in denen die Situation geschildert wird, um gleich zum Wichtigen zu kommen – dem, was Jesus tatsächlich gesagt hat. Aber schauen wir einmal genauer hin.

Wenn Jesus auf einen Berg stieg, geschah das wahrscheinlich unmittelbar am See Genezareth. Damals gab es Revolutionäre, die sich hier in den Bergen versteckten, um einer Verhaftung zu entgehen.

Wo ich an meine Grenzen stoße und am Ende bin, finde ich wirkliches Leben in ihm.

Das ergibt Sinn. Jesus ist auch ein Revolutionär, der ins Gebirge gegangen ist. Er sagt: „Nieder mit den Reichen dieser Welt, es lebe das Reich Gottes." Und dieses neue Reich hat neue Regeln, von denen viele die alten geradezu umkehren. Manche Neutestamentler nennen dieses Manifest Jesu aus offensichtlichen Gründen „Antithesen" oder „große Umkehrung". Noch heute laufen diese Sätze unserem intuitiven Empfinden zuwider.

Jesus will aber nicht über konkrete Regeln und Gebote sprechen. Auch für aktuelle Ereignisse interessiert er sich nicht. Über die Römer hört man hier kein Wort. All das findet sich auf der *Oberfläche* unseres Lebens, doch Jesus sieht tiefer in uns ein hinein – in die Bereiche, die unsere Oberfläche prägen und formen. Das Reich Gottes verändert uns von innen nach außen.

Jesus eröffnet seine Predigt mit einer Liste von auffallend paradoxen Aussagen. Zu unserem Zwecke werden wir vier dieser Behauptungen unter die Lupe nehmen, die auf den ersten Blick lächerlich wirken, jedoch Sinn ergeben, wenn man in die Tiefe geht und sie mit seinen persönlichen Erfahrungen vergleicht.

Seine erste Aussage etwa verspricht Menschen, von denen man es am wenigsten erwarten würde, eine Belohnung:

> Glückselig die Armen im Geist, denn ihrer ist das Reich der
> Himmel.
> (Matthäus 5,3; ELB)

So lauten die ersten drei Worte: „Glückselig die Armen im Geist." Vielleicht denken Sie jetzt: Dann habe ich das große Los gezogen, denn ich bin total pleite.

Dann halten Sie kurz inne, um darüber nachzudenken. Sollte Jesus sich da versprochen haben – bestimmt heißt es eigentlich „Glückselig die Reichen". Denn wenn man einem reichen Menschen gegenüber bemerkt: „Schöne Villa haben Sie sich da hingestellt", was entgegnet er dann? „Ja, ich weiß. Ich bin ja *so* reich." Natürlich nicht. Ich wette, er sagt so etwas wie: „Danke. Ich bin wirklich gesegnet." Oder: „Ich bin sehr dankbar."

Und ja, ich sehe, dass dort die Worte *im Geist* stehen, und mir ist bewusst, dass Jesus größtenteils hier nicht von Geld spricht. Aber der springende Punkt ändert sich dadurch nicht. Ein glückseliges Leben bedeutet doch für uns, dass man am Ende mit einem Haufen Geld dasteht, und nicht, dass man in Armut versinkt. Außerdem gebraucht Jesus hier einen Begriff für „arm", den man mit „mittellos" oder „bankrott" übersetzen kann.

Glückselig die Bankrotten im Geist.

Normalerweise sagen wir „pleite" dazu. *Glückselig bist du, wenn du so pleite bist, dass du selbst nichts mehr anzubieten hast.* Wenn man darüber nachdenkt, ist das eine schockierende Aussage. Jesus sagt, dass das Reich Gottes in mir beginnt, wenn ich selbst am Ende bin und begreife, dass ich Gott nichts zu bringen habe. Das ist genau das Gegenteil von allem, was wir normalerweise annehmen.

Wir haben nichts zu bringen, und das bedeutet, dass wir Fortschritte machen.

Völlig pleite. Kein Pfennig mehr im Portemonaie. Und wie benimmt man sich dann? Nicht so, als läge einem die Welt zu Füßen, als hätte man alle Antworten. Nein, man ist völlig niedergeschlagen. Und genau das lobt Jesus hier. Jemand, der ganz unten ist, zieht das große Los.

Fast überall hören wir das Gegenteil. Man soll Selbstbewusstsein ausstrahlen, alles allein auf die Reihe bekommen. Kurz: reich im Geist sein, überhaupt reich in allem. Man soll ganz oben stehen, nicht in der Gosse liegen.

Jesus sagt, dass das Reich Gottes damit beginnt, dass ich eine Bestandsaufnahme mache und auf Null komme. Wir haben nichts zu bringen, und das bedeutet, dass wir Fortschritte machen.

So reden Revolutionäre.

Simon, der Sünder

Es gibt kein Buch von Jesus, bei dem man auf der Rückseite des Umschlags die Zusammenfassung liest: Ich bin okay, du bist okay. Jesus sagt, dass niemand okay ist. Wir alle sind kaputte, gebrochene Menschen. Aber wie äußert sich das?

In Lukas 7 lesen wir von einem Festmahl in Simons Haus. Er gehörte zu den führenden Leuten in Sachen Religion und hatte den Rabbi Jesus eingeladen. War er ein Fan von Jesus? Offenbar nicht; wahrscheinlich war er nur an den Reihe, auch einmal den Gastgeber für einen Rabbi zu spielen. Woher wir das wissen? Lukas zeigt uns das recht deutlich.

Für solche Abendessen gab es nämlich Verhaltensregeln. Man begrüßte den Gast mit einem Handkuss, um ihn willkommen zu heißen. Simon aber hatte auf diese Geste verzichtet.

Auch der Fußwaschung begegnete man täglich in diesem staubigen Land, in dem man Reinheit schätzte. Die Straßen waren nicht gepflastert. Deshalb wusch man sich die Füße, wenn man einen Freund besuchte. Bei einem Festmahl wie dem hier geschilderten erwartete man vom Gastgeber, dass er dem Gast dabei half.

Auch darauf verzichtete Simon. Zumindest hätte er Jesus eine Schüssel mit Wasser hinstellen können, damit der sich selbst bediente. Doch nicht einmal das tat er.

Als Nächstes stand auf der Liste, dass man den Kopf des Gastes salbte. Das war eine ganz besondere Geste, mit der man seinem Gast zeigte, dass man ihn willkommen hieß, und man benutzte dafür ein wertvolles Öl, nicht das billige Zeug aus dem Drogeriemarkt. Aber, Sie vermuten schon richtig, Jesus wurde nicht gesalbt.

Verstehen Sie mich nicht falsch. Bei uns halten wir auch nicht viel von solchem zeremoniellen Gehabe. Ich selbst habe kaum Bücher im Regal stehen, die sich mit Etikette und Verhaltensregeln befassen. Ich bekomme es kaum hin, die Messer und Gabeln richtig hinzulegen, wenn ich den Tisch decke. Meine Frau kann das, aber wenn sie es mir zum 373. Mal zeigt, schaue ich sie voller Liebe an und sage: „Na gut."

Bei Simon ist das anders. Es ist nicht so, dass er es versucht und falsch macht. Er versucht es erst gar nicht. Und das weiß er auch genau, ebenso wie alle anderen im Raum. Vergessen Sie nicht, Simon gehört zum religiösen Establishment, und vor allen anderen Würdenträgern ignoriert er die religiösen Regeln. Und das liefert uns einen Hinweis darauf, was er von den Lehren Jesu hielt.

Am Beispiel von Simon sehen wir, wie die Mechanismen funktionieren. Weil er reich ist, hat er ein bequemes Leben. Weil er mächtig ist, respektiert man ihn – zumindest fürchtet man ihn. Weil er ganz oben steht, ist er arrogant. Dieses Szenario erkennt jeder sofort wieder.

Im Lauf des Festmahls stürmt eine Frau den Raum. Sie war gar nicht eingeladen – sie kommt einfach herein. Wieder breitet sich Unbehagen aus – aber auf ganz andere Art. In Lukas 7,37 erfahren wir von ihrem „unmoralischen Lebenswandel" – eine höfliche Umschreibung dafür, dass sie Prostituierte ist. Und ja, sie betritt das Haus eines der führenden religiösen Köpfe.

Simon muss gedacht haben: *Was ist denn hier los?* Denn wenn man ganz oben steht, gehört es zu den wichtigsten Werten, dass man immer tut, was sich gehört. In seiner Welt zählt nichts mehr als Ordnung und Vorhersehbarkeit. Er ist ein religiöser Profi, der die Regeln befolgt. Warum also taucht plötzlich eine Prostituierte bei einem Festmahl für die Frommen auf? Scham, Demut, Zweifel – all das muss sie empfunden haben. Und doch trieb sie irgendetwas hierher. Hatte sie von Jesus gehört? Stand sie am Rand der Menschenmenge und hörte ihn vom Reich Gottes reden, das viel zu gut klang, um wahr zu sein? Ist sie genau die Art von Mensch, die diese große Umkehrung, diese Antithese gebrauchen könnte?

Zerbrochen und schön

Man durchbohrt sie förmlich mit Blicken, doch diese Frau sieht nur Jesus. Oder vielleicht sollten wir es anders ausdrücken: Sie sieht nur, dass Jesus sie ansieht.

Als sie sich in die Augen blicken, entdeckt sie nicht, dass Jesus sie verurteilt oder sie wie einen Müllhaufen ansieht, den man beiseite räumen muss. Sie ist zerbrochen und weiß das auch, doch Jesus sieht noch etwas anderes. Sie ist zerbrochen und schön.

Stellen Sie sich die Szene einmal vor. Jesus liegt zu Tisch. Aus irgendeinem Grund waren Stühle damals nicht angesagt. Man legte sich auf den Fußboden und stützte sich auf den Ellenbogen, der auf einem Kissen ruhte. Die Füße wurden nach hinten ausgestreckt.

Als die Frau auf Jesus zukommt, erreicht sie daher zuerst seine Füße – Füße, die Simon nicht gewaschen hat. In diesem Augenblick schweigen alle im Raum. Was würde wohl als Nächstes passieren?

Zögernd blickt sie sich um und weiß genau, was sie in den Augen der meisten anderen entdecken wird: Ekel, Ablehnung, ja sogar Wut. Viele von ihnen senken allerdings den Blick, sie fühlen sich unbehaglich, wie es Menschen in solch einer Situation eben so geht. Vielleicht haben einige von ihnen sogar Angst, dass die Prostituierte sie mit Namen anspricht, weil sie schon einmal miteinander zu tun hatten.

Dann sieht sie Jesus in die Augen. Er lächelt, da bin ich mir sicher. Er betrachtet ihren Besuch als wunderschöne Überraschung. Sie ist wertvoll, kein Müll. Er akzeptiert sie nicht nur – nein, für ihn ist ihr Besuch das Beste, was ihm an diesen Tag passiert ist.

Und so zerbricht alles in ihr.

Sie ist am Ende. Sie weiß nicht mehr weiter.

Tränen rinnen ihr aus den Augen, erst eine, dann zwei, dann ein ganzer Wasserfall. An diesem Punkt kann sie nur eins tun – sich nicht verstellen, weil die Liebe Jesu sich nicht verstellt. Sie fällt zu Boden und beginnt, seine Füße zu küssen, mit allem Dreck und Schweiß, der noch daran klebt. Die Tränen werden zum reinigenden Wasser, das ihm eigentlich Simon hätte zur Verfügung stellen sollen.

Tränen sind etwas Merkwürdiges: Wenn sie uns in die Augen treten, sehen wir am deutlichsten. Sie weiß, dass die Füße Jesu nicht gewaschen sind. Ihr ist ganz klar, was jetzt zu tun ist. Aber sie kann den Gastgeber schlecht um ein Handtuch bitten. Also löst sie ihr Haar. Zur damaligen Zeit trugen Frauen ihr Haar immer hochgesteckt. Wenn eine Frau es für einen Mann löste, mit dem sie nicht verheiratet war, galt das als Scheidungsgrund – es war in höchstem Maße unschicklich. Wir können uns vorstellen, dass die Leute erschrocken nach Luft schnappten, als sie ihr Haar löste.

Simon hätte Jesus Wasser aus dem Brunnen und ein weiches Handtuch bringen können – und sollen. Diese Frau, deren Namen wir nicht einmal erfahren, benetzt Jesu Füße mit ihren Tränen und bietet ihm ihr Haar als Handtuch an. Eine schmutzige Frau wird zum lebenden Inbegriff der Sauberkeit.

Das mag schön klingen, doch in Wirklichkeit wird es nicht so ausgesehen haben. Nicht in jener Zeit. Die Menschen in diesem Raum müssen sich gedacht haben: *Ich wünschte, ich könnte diesen Anblick vergessen. Was für eine Schande, was für ein Skandal!*

Dann holt sie das Parfüm hervor.

Die Frauen der damaligen Zeit trugen oft ein Fläschchen um den

Hals, gefüllt mit duftendem Parfüm. Für eine Prostituierte gehörte das zum Tagesgeschäft, ein Tröpfchen für jeden Mann.

Wo ein Tropfen für die Füße eines Rabbis ausgereicht hätte, leert sie die ganze Flasche. Sie wird sie nicht mehr brauchen. Sie bietet ihm alles, was sie hat, weil er alles verändert hat, was sie ist. Sie kann nicht aufhören, seine Füße zu küssen. Nun ist sie rein in einem Sinn, der das Ritual auf den Kopf stellt.

Genau diese Wirkung haben auch seine Worte, die er zu ganz alltäglichen Handlungen äußert. Gerade wie er es jetzt tut, als er einen scheinbar rechtschaffenen Mann und eine scheinbar sündige Frau anspricht. Seine Worte stellen jede vorgefertigte Meinung auf den Kopf.

Simon wird von Jesus getadelt.

Der Frau dagegen spricht er ein Segenswort zu – und ein Wort, das ihr Errettung verheißt: „Deine Sünden sind dir vergeben" (Lukas 7,48).

Mit diesen Worten füllt Jesus die Seligpreisung „Glückselig die Armen im Geist" mit Leben. Er hat eine Frau gesegnet, die so arm im Geist ist, wie man es sich nur vorstellen kann, und einen reichen, schillernden, arroganten Mann getadelt.

Fangfrage

Welche Figur in dieser Geschichte wären Sie am liebsten?

Wenn ich in der Vergangenheit über diese Geschichte gesprochen habe, stellte ich die Frage: „Welcher Figur sind Sie am ähnlichsten?", aber ich glaube, die eigentliche Frage ist nicht die, wem wir am ehesten gleichen, sondern wem wir am liebsten ähneln würden.

Wenn Sie die Wahl hätten, wären Sie dann eher ein geachteter Mann aus den religiösen Kreisen, der sein Leben auf die Reihe bekommt, der Mann, zu dem alle aufschauen? Der ein schönes Haus hat und Promis zum Essen einlädt?

Oder wären Sie lieber eine innerlich zerbrochene Prostituierte, die sich selbst in eine peinliche Situation bringt, aber die Liebe und Gnade Jesu erfährt? Das ist eine Fangfrage, weil die meisten von uns beides sein wollen, vor allem, wenn sie schon seit längerem Christ sind. Um es anders zu formulieren: *Wir wollen heil werden, ohne vorher kaputt zu sein.*

Wir wären gern der Simon gegen Ende der Geschichte und erklären: „Ach ja – ich hab's verstanden. Das hast du sehr gut auf den Punkt gebracht, Jesus. Ich werde in Zukunft mit größerer Weisheit mein Leben führen, meinen Wohlstand und meine soziale Stellung genießen."

Bei dieser Strategie gibt es nur ein Problem: Wir sind alle innerlich zerbrochen.

Das ist wirklich so. Manche von uns können das nur besser verstecken. In Lukas 7 wird es auf schmerzhafte Weise deutlich, dass diese Frau zerbrochen ist – sie liegt auf dem Fußboden und weint, nachdem sie, ohne eingeladen worden zu sein, Simons Haus betreten hat.

Aber wie sieht es mit Simon aus? Dieser Mann hat die ersten zwölf Jahre seines Lebens damit verbracht, die ersten zwölf Bücher der Bibel auswendig zu lernen. Mit fünfzehn konnte er das gesamte Alte Testament auswendig. Denken Sie mal einen Augenblick darüber nach. Das bedeutet nämlich, dass er fast dreihundert prophetische Worte über das Kommen des Messias aufsagen kann. Und in diesem Moment sitzt er ihm direkt gegenüber.

Trotzdem behandelt Simon den Messias wie einen unerwünschten Gast. Auch Simon ist innerlich zerbrochen. *Wirklich* zerbrochen – das heißt, er merkt nicht einmal, dass er zerbrochen ist. Die zerbrochene Frau in der Geschichte erkennt Güte und Vollkommenheit, wenn sie darauf stößt; dieser zerbrochene Mann jedoch nicht, und er weiß nicht einmal, dass er sie nicht erkennt.

Je weniger man erkennt, dass man selbst zerbrochen ist, desto zerbrochener ist man.

Darüber lohnt es sich nachzudenken: Je weniger man erkennt, dass man selbst zerbrochen ist, desto zerbrochener ist man. Wieder eine Aussage, die alles auf den Kopf stellt.

Verstehen Sie mich nicht falsch, was ich Ihnen in diesem Kapitel sagen möchte. Ich bin nicht hier, um Sie zu zerbrechen. Ich fordere Sie nicht einmal auf, sich selbst zu zerbrechen. *Sie sind schon zerbrochen.* In der Bibel heißt es unmissverständlich: „Alle Menschen haben gesündigt und das Leben in der Herrlichkeit Gottes verloren" (Römer 3,23). Die eigentliche Frage ist, ob wir das zugeben.

Es geht nicht darum, dass wir zerbrochen werden müssen, sondern darum, dass wir es schon sind.

Wir sind „diese Leute"

Auf einer TED-Konferenz, bei der Fachleute verschiedenster Gebiete ihre innovativen Ideen austauschen, hielt die Soziologin Brené Brown einen Vortrag über Verletzlichkeit, der im Internet über 15 Millionen Mal abgerufen wurde. Dass er so beliebt ist, liegt zu einem großen Teil daran, dass er eine einfache Wahrheit verkündet: Wir sehnen uns nach der Freiheit zuzugeben, dass wir zerbrochen sind, so sehr wir auch dagegen ankämpfen. Trotzdem begreifen wir nicht, dass das für uns notwendig ist. Das gilt für jeden von uns, vor allem für die, die das am wenigsten begreifen.

Brown führt uns vor Augen, dass wir nicht allein sind. Hier ein Auszug aus ihrem Vortrag:

> Wir sind „diese Leute". In Wirklichkeit ist es so, … dass wir die anderen sind. Die meisten von uns sind einen Gehaltsscheck, eine Scheidung, ein drogensüchtiges Kind, eine psychische Störung, eine ernsthafte Krankheit, einen sexuellen Übergriff, einmal Komasaufen, eine Nacht mit ungeschütztem Sex oder eine Affäre weit davon entfernt, „diese Leute" zu sein – diese Leute, denen wir nicht vertrauen, die wir bedauern, mit denen wir unsere Kinder nicht spielen lassen, die Leute, denen Schlimmes zustößt, die Leute, die wir nicht als unsere Nachbarn haben wollen.[3]

- Wir sind „diese Leute".
- Wir sind die Leute, die das Leid anderer Menschen ignorieren, solange sich jemand um uns kümmert.
- Wir sind die Leute, die sich im Auto auf dem Weg zum Gottesdienst anschreien und dann mit einem breiten Lächeln aussteigen, um zu signalisieren, dass alles in Ordnung ist.
- Wir sind die Leute, die glauben, Gott muss von uns ziemlich beeindruckt sein, weil wir uns unsere eigenen Regeln ausdenken und sie befolgen.
- Wir sind die Leute, die sich in Schulden stürzen, um den äußeren Anschein aufrechtzuerhalten.
- Wir sind die Leute, die auf andere herunterblicken, weil sie anders sind.
- Wir sind die Leute, die einen einfachen Ausweg suchen und uns auf der Pornoseite einloggen.
- Wir sind die Leute, die fünfzig Stunden und mehr pro Woche arbeiten, um zu beweisen, dass wir etwas wert sind.
- Wir sind die Leute mit den kaputten Türen, weil wir sie zugeknallt haben.
- Wir sind die Leute, die jeden Tag stundenlang in den sozialen Netzwerken verbringen und Menschen überzeugen wollen, dass unser Leben besser ist als ihres.

Viele von uns haben eine Ahnung, dass vieles von dem, was in uns zerbrochen ist, wahrscheinlich niemals mehr heil wird. Trotzdem vermeiden wir es nach Kräften, uns dieser Situation ehrlich und ohne Vorbehalte zu stellen. Viel zu viele Stimmen flüstern uns zu, dass wir uns wegen dieser Kleinigkeiten keine Sorgen machen sollen, und es sind ja alles nur Kleinigkeiten. Fragen Sie Ihre Facebook-Freunde, und sie alle werden Ihnen in ein paar knappen Worten sagen, dass Sie überhaupt nicht zerbrochen sind. Und ein paar Hundert Freunde in den sozialen Netzwerken können ja wohl nicht falsch liegen, oder? Viel zu viele Stimmen flüstern uns zu, dass wir die Fassade aufrechterhalten sollen, denn sonst bricht unser ganzes Leben wie ein Kartenhaus in sich zusammen.

Viel zu viele Stimmen flüstern uns zu, dass wir Unterhaltung und Zerstreuung suchen sollen. Wenn wir uns bemühen, die schlechten Gedanken nicht zu denken, werden sie irgendwann schon von allein verschwinden.

Darum sind die Menschen unserer Zeit Meister der Illusion geworden, Experten darin, Schmerz zuzudecken; darum missbrauchen sie Medikamente, verschulden sich, gehen jedem Impuls nach und vereinsamen. Denn wir begreifen nicht, dass es nur eine Lösung gibt, wenn man zerbrochen ist ... nämlich Zerbrochenheit.

Mit Zerbrochenheit meine ich das umfassende und ehrliche Eingeständnis, dass wir bankrott sind, arm im Geist, dass wir nichts zu bringen haben. In unserer Kultur ist so etwas schwer zu vermitteln. Vermutlich ist kaum jemand bereit, ein paar Hundert Dollar für ein Seminar hinzublättern, in dem man Zerbrochenheit erleben und erfahren kann. Vielleicht fährt er nicht einmal auf so ein Seminar, wenn jemand anders die Hunderte von Dollars bezahlt.

Dieses Paradoxon müssen wir begreifen: Zerbrochenheit ist der Weg zur Heilung.

Auch auf Twitter führt Zerbrochenheit keinen Trend an. Auf keinem Lebenslauf kann man das lesen, und auch als Geschäftsstrategie eignet sich das nicht. Aber es ist die einzige Hoffnung, die Jesus uns anbietet, der Weg, der alles auf den Kopf stellt und letzten Endes doch genau richtig ist.

Dieses Paradoxon müssen wir begreifen: Zerbrochenheit ist der Weg zur Heilung.

Das wirkliche Leben beginnt

Die schlechte Nachricht lautet also: Ich bin nicht okay und du auch nicht. Wir beide sind zerbrochen. Nicht „mit Gebrauchsspuren", wie es manchmal in Kleinanzeigen heißt. Nein, wir sind völlig kaputt, zerrissen, zerlumpt. Bürger der globalen Müllkippe.

Die gute Nachricht ist, dass Gott Zerbrochenes wieder heil macht. Er holt die Übersehenen, die Unterschätzten, die Außen-vor-Gelassenen, die Abgeschriebenen, die Kaputten und die Zerstörten, und dann tut er das, was nur er allein tun kann.

Gott liebt es, aus dem Zerbrochenen etwas Schönes zu machen.

In seinem Buch *Lord, Break Me* weist William McDonald darauf hin, dass in der materiellen Welt zerbrochene Gegenstände ihren Wert verlieren. Man wirft sie weg – Altglas, gesprungenes Porzellan, verschlissene Möbel. Fehler sind tödlich. In der geistigen Welt ist es genau anders herum. Zerbrochenes ist wertvoll. Zerbrochene Menschen offenbaren die Schönheit und Macht Gottes. Fehler sind *Chancen*.

Der Prophet Jeremia wurde von Gott dem Herrn zu einem Töpfer geschickt, um dort auf weitere Anweisungen zu warten. Als er dort ankam, sah er den Töpfer an seiner Töpferscheibe. Er mischte Ton mit Wasser und setzte die Scheibe in Bewegung, um dort einen Krug entstehen zu lassen. Doch an irgendeinem entscheidenden Punkt ließen den Töpfer seine Finger im Stich, und plötzlich hielt er ein misslungenes Gefäß in der Hand, das niemand kaufen würde. Der Prophet beobachtete, wie der Mann den Ton wieder zusammendrückte und ein neues Gefäß daraus formte, „bis es genau so aussah, wie er es haben wollte" (Jeremia 18,4).

Dann erhielt Jeremia von Gott dem Herrn noch weitere Anweisungen. „Israel, warum sollte ich es mit dir nicht genauso machen können wie dieser Töpfer? Wie der Ton in der Hand des Töpfers, so bist du in meiner Hand" (Vers 6).

Es ist ein wunderschönes Bild, wie Gott an der Töpferscheibe sitzt, ein fehlerhaftes Töpfererzeugnis betrachtet und sich weigert, es einfach wegzuwerfen. Der Töpfer macht daraus ein anderes Gefäß, das „genau so aussah, wie er es haben wollte". Aus demselben Ton mit all seinen Fehlern macht er etwas Neues. Es *gibt* keinen Abfallhaufen. In einem Klumpen Ton liegen endlose Möglichkeiten verborgen.

Mein Gebet lautet: *Gott, nimm meine zerbrochenen Teile und mach etwas Neues daraus, bis es genauso aussieht, wie du es haben willst.* Die Frage ist, ob wir bereit sind, unsere Risse zu zeigen. Für manche von uns ist so etwas schlechthin undenkbar. Wir wollen die Fehler, Makel und Narben übertünchen.

Gott aber betrachtet unsere Zerbrochenheit eher im Licht von etwas, das man Katsugi nennt. Dabei handelt es sich um ein Restaurierungsverfahren für Keramik, das im 16. Jahrhundert in Japan entwickelt wurde. Keramikscherben werden zusammengeklebt, die Risse jedoch nicht versteckt, sondern im Gegenteil hervorgehoben und mit einer Goldauflage nachgezeichnet.

Normalerweise wird etwas, das zerbrochen und dann restauriert wurde, zu einem reduzierten Preis verkauft. Für Kintsugi-Töpferarbeiten gilt das jedoch nicht. Sehr häufig stellt sich heraus, dass das betreffende Stück schöner und teurer als vorher ist. Vielen Sammlern hat man sogar vorgeworfen, dass sie kostbare Stücke absichtlich zerstören, um sie dann mit Goldnähten restaurieren zu lassen. Das klingt nach der Ökonomie des Himmels. Die Zerbrochenen sind am wertvollsten.

Das ist die erlösende Kraft Gottes durch Jesus Christus. Wenn wir selbst am Ende sind und Gott die Scherben unseres Lebens bringen, kann er uns heilen. Jesaja 53,5 hilft uns, unsere eigene Zerbrochenheit aus dem Blickwinkel des Kreuzes zu sehen:

Doch wegen unserer Vergehen wurde er durchbohrt, wegen unserer Übertretungen zerschlagen. Er wurde gestraft, damit wir Frieden haben. Durch seine Wunden wurden wir geheilt!

Der Begriff *zerschlagen* in diesem Vers bezieht sich im wörtlichen Sinn auf Blutergüsse, blauschwarze Flecken, die entstehen, wenn Adern platzen. Und das Wort *geheilt* geht im Hebräischen auf einen Wortstamm zurück, der „repariert, völlig wiederhergestellt" bedeutet. Jesaja sagt, dass wir geheilt werden, weil er zerbrochen wurde.

Und erst wenn wir geheilt sind, sind wir bereit, uns von Gott gebrauchen zu lassen, wie er es für uns im Sinn hat. So wirkt Jesus von innen nach außen – in mir und dann durch mich.

Und jetzt setzt die Musik ein.

Kapitel 2

Trauern, um glücklich zu sein

Ganz oben auf der Liste der Dinge, die ich überhaupt nicht mag, steht: mitten aus einem tollen Traum aufzuwachen.*

Finden Sie das nicht auch schrecklich? Sie liegen im Bett und haben diesen unglaublichen Traum, der mit dem wirklichen Leben rein gar nichts zu tun hat. Einfach nur gut. Und gerade, wenn es am besten wird, wachen Sie auf. Moment mal! Nein! Das hat gerade Spaß gemacht.

Am ärgerlichsten ist das, wenn der Traum davon handelte, Stress zu entkommen. Was Sie zum Aufwachen bringt, sind Sie selbst, weil Sie sich nämlich im Traum auffordern, bloß nicht aufzuwachen – so gut ist der Traum.

Als ich mich daranmachte, dieses Kapitel zu schreiben, hatte ich mir Stift und Papier auf dem Nachttisch zurechtgelegt. Wenn ich dann aus einem richtig guten Traum ohne jede Verbindung zum wirklichen Leben aufwachte – so hatte ich es mir vorgestellt – könnte ich ihn schnell aufschreiben und mich so daran erinnern. Meiner Meinung nach war das eine großartige Idee, aber leider träumte ich nur von einer Schüssel gezuckerter Cornflakes.

Im Ernst – man wird alt und bemitleidenswert, wenn man davon träumt, gezuckerte Cornflakes zu essen statt der ungezuckerten.

Trotzdem ist es offenbar ein ehernes Gesetz, dass mich mitten in einem tollen Traum etwas aufweckt.

---

* Andere Dinge, die ich nicht mag: unwichtige E-Mails, die mit einer kleinen roten Flagge markiert sind; erwachsene Männer, die Crocs mit Socken tragen; wie mich der Barista aus dem Starbucks anschaut, wenn ich „groß" statt „venti" sage; Autofahrer, die bei einem grünen Pfeil nicht weiterfahren; Sudoku; Menschen, die Listen von Dingen, die sich nicht mögen, aufstellen; Ironie.

Traumstörer

Man sagt, das Leben sei nur ein Traum. Wenn das stimmt, schreckt man aber viel zu oft aus dem Schlaf hoch. Ich wette, das ist Ihnen mehr als einmal passiert. Ich meine die Zeiten, als alles wunderbar zu laufen schien. Doch dann geschah irgendetwas, und dann gerieten Sie in raue See. Ich bin oft am Ende, wenn meine Träume aufhören.

Vielleicht passierte Ihnen das schon in der Kindheit, als Ihr Vater und Ihre Mutter Sie baten, sich hinzusetzen, und auf einmal das Wort *Scheidung* im Raum stand.

Vielleicht war es der Mensch, mit dem Sie Ihr weiteres Leben verbringen wollten, der Ihnen sagte, dass das einfach nicht funktionieren würde.

Vielleicht war es ein Anruf: Ein Unfall war geschehen, und Sie sollten sofort ins Krankenhaus kommen.

Vielleicht war es ein Text, der nicht für Ihre Augen bestimmt war, und in dem Sie von der Affäre erfuhren.

Vielleicht teilte Ihr Chef Ihnen mit, dass die Stelle, auf der Sie schon jahrelang arbeiteten, gestrichen würde.

Sie lebten Ihren Traum, und dann rüttelte Sie das Leben wach. Es drängte sich in Ihren Traum. Aufzuwachen bedeutet, etwas zu verlieren – Geld, Gesundheit, Arbeit, Unschuld, einen Menschen, der Ihnen viel bedeutet.

Leben heißt auch verlieren. Sie werden an Ihre Grenzen stoßen, am Ende sein. Darauf sollten Sie sich einstellen.

Sechswortgeschichten

Ernest Hemingway schloss einmal eine Wette ab. Ich kann mir vorstellen, dass er das öfter tat, aber diese spezielle Wette kam beim Essen mit anderen Schriftstellern zustande, und seither macht sie die Runde.

Die anderen wetteten um zehn Dollar, dass er keine Kurzgeschichte in sechs Worten schreiben könnte. Hemingway nahm die Wette an, zog eine Serviette hervor und schrieb die folgende Geschichte darauf nieder:

Zu verkaufen, Babyschuhe, noch nie getragen.

Hemingway wusste um die Macht der Worte, sogar einiger weniger Worte – diese Knappheit zeichnete seinen Stil aus. Die anderen hätten lieber mit einem der großen russischen Romanschriftsteller wetten sollen. In diesen sechs Worten steckt wirklich eine Geschichte, und eine anrührende noch dazu.

Das können Sie auch. Sie könnten mir mit sechs Wörtern – unterschiedlichen Wörtern – Ihre Geschichte erzählen. Wie würde Sie aussehen?

- Es hat einen schrecklichen Unfall gegeben.
- Ich gehe. Unsere Ehe ist vorbei.
- Wir brauchen Sie hier nicht mehr.
- Aber wir können gern Freunde bleiben.
- Die Chemotherapie schlägt leider nicht an.
- Sie können leider keine Kinder bekommen.
- Eine Rose vom Sarg für dich.

Das ist der Übergang vom Traum zur Trauer. Aber was, wenn es alles anders wäre? Wenn ich die Gleichung umdrehen könnte, aus einem Albtraum aufwache, um etwas Schönes zu träumen? Wenn meine Trauer in einen Segen mündet?

Das ist noch ein Beispiel dafür, wie Jesus das Leben auf den Kopf stellt und von innen nach außen wirkt. Wenn wir enttäuscht und niedergeschlagen sind und wir das Gefühl haben, wir seien am Ende, schlägt er eine neue Seite auf und zeigt uns eine neue Geschichte, die von Hoffnung und Rettung handelt.

Als Jesus mit seiner Predigt fortfährt, die er auf einem Berg nicht weit vom See Genezareth hält, zeigt er, dass das Leben ganz anders aussehen kann, wenn man es durch die Brille des Reichs Gottes betrachtet. In Gottes Reich, so sagt er, ist alles heruntergesetzt, was vorher ein teures Preisschild trug, und das billige Mitbringsel ist nun extrem wertvoll. Der Milliardär wird zum armen Schlucker. Der Obdachlose ist König.

Schauen wir uns den Zusammenhang in Matthäus 5-7 noch ein wenig näher an. Matthäus sagt uns, dass eine Volksmenge zusammengekommen war, um Jesus predigen zu hören. Das griechische Wort bedeutet eigentlich „eine große Gruppe nicht identifizierbarer Menschen". In den Jahren, die ich als Vortragsredner unterwegs bin, habe ich etwas über große Gruppen nicht identifizierbarer Menschen gelernt: Alle bringen ihre Geschichten mit, die von Leid und zerplatzten Träumen erzählen. Menschen um sich herum zu versammeln, bedeutet, traurige Geschichten zu sammeln. Das gilt sogar für ein Treffen von Warenhausweihnachtsmännern.

Wenn wir enttäuscht und niedergeschlagen sind und wir das Gefühl haben, wir seien am Ende, schlägt er eine neue Seite auf und zeigt uns eine neue Geschichte, die von Hoffnung und Rettung handelt.

Ich bin mir dessen besonders bewusst, wenn ich in meiner Gemeinde predige. Ohne es zu wollen, habe ich die Menschen im Blick, die ich gut kenne – Menschen, die das Leben aus ihren Träumen gerüttelt hat. Links sitzen die Eltern, deren Tochter an Krebs erkrankt ist, hinten sitzt eine Witwe, die der Gedanke erschreckt, nach dem Gottesdienst in ein leeres Haus zurückzukehren. Und rechts sehe ich den jungen Mann, der gerade von seinem dritten Entzug nach Hause gekommen ist.

Manchmal sehe ich ein Ehepaar, das getrennt sitzt. Und ich kenne auch die Geschichte, die dahintersteht, so wie auch einige andere Geschichten. Doch Jesus kennt sie alle.

Ich frage mich, ob Jesus die Volksmenge auf dem Berg musterte und die zahllosen traurigen Geschichten sah. Wir wissen nicht, was ihm durch den Kopf ging, doch was er *sagte*, verblüfft uns – und seine Zuhörer muss es damals ebenfalls verblüfft haben. Er beginnt mit den Seligpreisungen, Antithesen, die alles umwerten. Diese Seligpreisungen: Alles klingt falsch.

Wir haben die erste Seligpreisung betrachtet: „Glückselig die Armen." Ja, klar! Ins Schwarze getroffen, Jesus! Wer fühlt sich denn glückseliger als die Leute, die wirklich nichts zur Verfügung haben? Ich sehe die Leute schon mit den Augen rollen. Dieser Rabbi macht wohl Scherze. Und dann kommt er zur nächsten Seligpreisung, und die übertrifft die erste sogar noch.

Glückselig sind …

Na, was kommt jetzt wohl? Wie würden Sie diesen Satz ergänzen, wenn Sie davon ausgehen, wie diese Welt funktioniert? Glückselig sind:

- die, deren wildeste Träume wahr werden.
- die, die die besten Jobs bekommen.
- die, die ein Supermodel heiraten.

Jesus setzt diesen Satz so fort:

Glückselig die Trauernden, denn sie werden getröstet werden. (Matthäus 5,4; ELB)

Einen Moment mal. „Glückselig die Trauernden"? Mehr hat er nicht zu bieten?

Im ersten Jahrhundert, in einem Zeitalter hoher Kindersterblichkeit und kurzer Lebenserwartung, als viele Menschen Hunger litten und das eigene Land besetzt war, sagt er diese Worte in der Bergpredigt. Ein Großteil seiner Zuhörer gehörte zu diesen Trauernden. Und niemand von ihnen steht auf und ruft: „Ja, du hast recht! Trauer ist das Größte!"

Wir haben schon erwähnt, dass Jesus häufig zu einem Paradoxon griff, aber das hier geht doch deutlich weiter, oder? Langsam wird es lächerlich. Widersprüchlich. Jesus sagt hier doch so etwas wie: „Glücklich sind die Traurigen."

Die Situation betrauern

Für den Anfang wäre es ganz gut herauszufinden, was Jesus eigentlich meint, wenn er *trauern* sagt. Die Bibel liefert dafür einige Beispiele.

Zunächst einmal trauern wir über unsere tatsächliche Lebenssituation.

Die Realität reißt uns aus unseren Träumen, und zwar zum denkbar schlechtesten Zeitpunkt. Wir haben uns diese Realität weder ausgesucht noch eingeladen. Sie tritt die Tür ein und kommt herein. Irgendetwas, worüber wir keine Kontrolle haben, verändert alles.

Ich würde Ihnen liebend gern fünf praktische Tipps an die Hand geben, wie man diesen Traumkillern aus dem Weg geht, aber das geht nicht. Das Leben hat es so an sich, dass jeder irgendwann aufwacht. Jeder hat es einmal erlebt, dass man sich nach dem Gestern sehnt, als man noch nicht wusste, wie gut man es hatte, kurz bevor die Welt über einem zusammenbrach. Wenn das geschieht – und wenn es noch nicht geschehen ist, wird es irgendwann geschehen –, sagt Jesus: *Glückselig bist du.*

Vielleicht kann man diesen Satz einfach aus dem richtigen Blickwinkel betrachten, ihn als Poesie betrachten, weil er so schön klingt. Hübsche Worte, die man auf einem Kärtchen mit ein paar Blumen drumherum einer einsamen Witwe im Altenheim überreicht. Oder man könnte es als Zen-Weisheit sehen, im Sinne von „das Geräusch einer klatschenden Hand" – irgendetwas Bedeutungsschweres, das cool klingt, in Wirklichkeit aber keinen Sinn ergibt.

Doch diese Poesie fällt in sich zusammen, wenn man den Satz ergänzt:

- Es ist ein Segen, wenn eine junge Witwe vier Kinder großziehen muss.
- Es ist ein Segen, wenn du deine Stelle verlierst und die Tage zählst, bis du dein Haus verlierst.
- Es ist ein Segen, wenn du gerade eine Entziehungskur hinter dir hast und dir praktisch nichts mehr geblieben ist.
- Es ist ein Segen, wenn du deinen Mann an eine Frau verlierst, die er auf einer Geschäftsreise kennengelernt hat.
- Es ist ein Segen, wenn du zusehen musst, wie ein Elternteil an Alzheimer erkrankt.

Und nun ergänzen Sie bitte diesen Satz für Sie persönlich:

Es ist ein Segen, wenn _____.

Worum genau geht es hier eigentlich, Jesus? Was bedeutet dieser kleine Satz?

Vielleicht schließt er das Schlimmste, was einem zustoßen kann, ausdrücklich aus. Vielleicht meint er nur einen schlechten Tag im Büro, einen kleinen Blechschaden, eine unbedeutende Meinungsverschiedenheit in der Sitzung.

Gegen die kleinen Augenblicke, aus denen wir lernen und die unseren Charakter stärken, haben wir ja gar nichts. Zum Beispiel, wenn wir vergessen, den Wecker zu stellen, und zu spät zur Arbeit kommen. Oder wenn wir das Smartphone, ohne hinzusehen, im Getränkehalter unseres Autos ablegen und völlig vergessen haben, dass da noch eine nicht ausgetrunkene Cola steht. Oder wenn wir nicht in der Lage sind, uns noch ein drittes willkürlich gewähltes Beispiel für diesen Absatz auszudenken. Bei solchen Missgeschicken können wir sagen: „Das war ärgerlich, aber morgen können wir drüber lachen. Und dann begreifen wir auch, wie gesegnet wir sind."

Aber wenn ein Teenager nach einem schweren Unfall auf der Intensivstation liegt, sitzen wir nicht im Wartezimmer und sagen uns: „Morgen können wir drüber lachen." Das Problem dabei ist: Alles spricht dafür, dass Jesus solche Situationen meinte. Er gab sich kaum mit Kleinigkeiten ab. Er sprach über die Zeiten in unserem Leben, an denen wir am Ende sind.

Hier benutzt er das Wort *trauern*, und damit drückt er aus, was in uns vorgeht, wenn wir wirklich schweres Leid tragen.

Der Bibelausleger William Barclay schildert anschaulich, wie viel Gewicht dieses Wort hat. Er schrieb: „Zunächst einmal müssen wir beachten, dass im griechischen Urtext für *Leid tragen* der stärkste Ausdruck der Trauer gebraucht wird, der Trauer um die geliebten Toten … Diese Trauer ist so groß, dass der Mensch sie nicht verbergen kann; sie schmerzt nicht nur, sondern treibt ihm die Tränen in die Augen."[1]

Schön und gut. Aber worin liegt der Segen?

Wenn die Seligpreisungen beschreiben würden, wie wir Segen aus dem Blickwinkel der uns umgebenden Kultur sehen, würden wir in etwa so etwas lesen wie: „Glückselig seid ihr, wenn alles nach Plan läuft." Oder: „Glückselig seid ihr, wenn alle eure Träume wahr werden." Ein glückseliges Leben, so jedenfalls würde es jeder normale Mensch definieren, ist ein Leben frei von Trauer und keins, das davon geprägt ist.

Wir können dieses Wort drehen und wenden, wie wir wollen – Jesus dreht es wieder zurück. Wenn wir trauern, so sagt er, wenn das Leben besonders schwierig ist, wenn wir tieferes Leid erfahren als jemals zuvor, wenn wir am Ende sind – dann sind wir glückselig.

Wenn das stimmt, lautet seine Botschaft, dass Segen und Lebensglück nicht von den äußeren Umständen abhängen.

Das stellt alles auf den Kopf. Aber vielleicht liegt das Problem darin, dass wir einen großen Teil unseres Lebens damit zugebracht haben, irgendetwas kopfüber zu betrachten, sodass es uns jetzt vorkommt, als sei es richtig herum. So eigenartig es klingen mag, ziehen Sie einmal die Möglichkeit in Betracht, dass die ganze Welt verrückt ist und Jesus recht hat.

Wenn das stimmt, lautet seine Botschaft, dass Segen und Lebensglück nicht von den äußeren Umständen abhängen. Sie kommen von innen – und mancher Segen lässt sich nur finden, wenn man vorher Tränen vergossen hat.

Ich habe Sie gebeten, die Möglichkeit zu erwägen, dass Jesus recht hat. Ich persönlich bin davon überzeugt, dass er richtig liegt, denn ich habe selbst erfahren, wovon er spricht. Es geht um den Segen, den man nur erleben kann, wenn die Träume ausgeträumt sind und man am Ende ist.

Gesegnet durch seine Gegenwart

Auf überraschende Weise schafft Leid Raum dafür, dass wir Gottes Frieden und Gegenwart erleben können. Wenn wir nicht leiden, können wir auch seinen Trost nicht erfahren. Wenn wir trauern, erleben wir, dass Gott da ist.

Im alttestamentlichen Buch Hiob freut sich Satan darauf, dass Hiob bald leiden muss. Hiob führte ein gesegnetes Leben – so würden die meisten von uns es sehen. Er war reich, glücklich verheiratet, führte ein gutes Leben. Doch am Horizont zeichneten sich schon Stürme ab, schwere Stürme, und Satan malte sich schon aus, wie alles kommen würde. Er glaubte – und leider muss man sagen, dass viele mit ihm einer Meinung wären –, dass Hiob Gott Vorwürfe machen und seine Religion als nutzlos und falsch betrachten würde, wenn das Leid erst einmal über ihn hereingebrochen wäre.

Im ersten Kapitel des Buchs Hiob erfahren wir, dass Hiob sieben Söhne hatte, drei Töchter, siebentausend Schafe, dreitausend Kamele, fünfhundert Ochsengespanne und fünfhundert Esel, ganz zu schweigen von einem kleinen Heer von Dienern. So sieht es zu Beginn der Geschichte aus.

Dann wurde Hiob praktisch zu einer Fallstudie, was Glauben im Leid betrifft, weil er fast alles verlor, eins nach dem anderen. Ein Sturm zerstörte sein Haus und brachte seine Kinder um. Doch das war erst der Anfang. Im zweiten Kapitel verliert Hiob seine Gesundheit. Jeder Zentimeter seines Körpers war mit Eiterbeulen bedeckt. Er verliert sein gesamtes Vieh und seinen Reichtum, und Satan wettet, dass er seinen Glauben noch dazu verlieren würde. Der beste Ratschlag seiner Frau lautet: „Sag dich von Gott los und stirb!" (2,9). Denn was nützt Gott schon, wenn das Leben nicht nach Plan verläuft?

Hiob jedoch erlebte Gott auf eine Art und Weise wie niemals zu vor, und das verblüffte Satan. „Bisher kannte ich dich nur vom Hörensagen", meinte Hiob, „doch jetzt habe ich dich mit eigenen Augen gesehen" (42,5).

Das finden wir im Leid. Es herrscht eine Leere, die vorher mit dem gefüllt war, was wir verloren haben. Das könnten materielle Dinge sein, aber auch Beziehungen – nichts davon ist an und für sich schlecht. Doch

Bei Gott ist Leid nicht vergeudet.

wenn sie vergehen, hinterlassen sie eine Lücke, und Gott selbst will sie füllen.

Wenn wir leiden, trauern wir.

Wenn wir trauern, werden wir vom „Gott allen Trostes" getröstet (2. Korinther 1,3; ELB).

Glückselig die Trauernden.

Jeder Mensch macht Verlusterfahrungen, und niemand freut sich darüber. Schwarz ist Schwarz. Außer es ist nicht Schwarz. Schreiben wir noch eine Geschichte in sechs Worten. Sie werden sie besonders gut verstehen, wenn Sie sie unter Tränen lesen.

Bei Gott ist Leid nicht vergeudet.

Und noch eine:

Gott wird Sie nicht alleinlassen.

Eugene Peterson überträgt Matthäus 5,4 in seiner Bibelübersetzung *The Message* so: „Gesegnet seid ihr, wenn ihr das Gefühl habt, ihr hättet das verloren, was euch am meisten am Herzen liegt. Nur dann kann euch der, der euch am nahsten ist, in seine Arme schließen."

Wenn Sie am Ende sind, eröffnet sich Ihnen die Möglichkeit, die

Gegenwart Gottes so zu erfahren wie nie zuvor. Vielleicht hat Ihnen schon einmal etwas Wertvolles gehört, das Sie später wieder verloren haben. Nichts aber ist schöner, als Gott selbst zu gehören.

Das Leid willkommen heißen

Wir tun alles, was in unserer Macht steht, um dem Leid aus dem Weg zu gehen. Doch wenn das Leid zuschlägt – und das ist unvermeidlich – tun wir alles, was in unserer Macht steht, um nicht trauern zu müssen. Wenn wir dann schließlich doch trauern, tun wir alles Menschenmögliche, um die Trauer zu vertreiben.

Wir betäuben uns selbst mit Unterhaltung. Trinken, Einkaufen, Arbeiten oder Partymachen – das sind alles Medikamente, mit denen wir unseren Schmerz behandeln. Es fällt uns unglaublich schwer, die Mundwinkel hochzuziehen, um wieder zu lächeln, doch wir sind überzeugt, dass genau das bedeutet, ein glückliches und gesegnetes Leben zu führen.

Dann entdecken wir, dass die Mundwinkel immer noch nach unten hängen. Die Schwerkraft zieht sie immer wieder nach unten. Na gut, wir müssen das Leid ertragen – aber niemand kann uns zwingen zu **Im Schatten ver-** trauern! Wir versuchen alles Mögliche, um darüber **borgen kann man** hinwegzukommen. Wir wollen es hinter uns lassen. **unglaublichen Se-** Wir suchen uns einen Weg um das Leid herum. **gen entdecken.** Wir kommen über ein gebrochenes Herz nach einer gescheiterten Partnerschaft hinweg, über das entsetzliche Bedauern nach einer katastrophalen Entscheidung oder über die Wege, die uns bei einer schweren Krankheit versperrt sind, indem wir den Ernst der Lage leugnen, anderen die Schuld in die Schuhe schieben oder uns in Schuldgefühlen suhlen.

Vor einiger Zeit brachte die Sendung *Good Morning America* einen Bericht über Jeff Goldblatt. Man wird ihn als den Begründer des Komm-darüber-hinweg-Tags in Erinnerung behalten. Sie werden sich dieses Datum sicherlich im Kalender anstreichen wollen: Der Tag fällt auf den 9. März.* Man kann die Website zum *Get Over It Day* auch googeln, und dort findet man haufenweise Tipps, wie man sich Trauer und Kummer vom Leib hält. Am 10. März haben Sie vielleicht allen Kummer, allen Schmerz schon hinter sich gelassen. Man muss einfach nur fest aufs emotionale Gaspedal treten.

Oder auch nicht.

Aber ich verstehe das schon. Es liegt in der Natur des Menschen, Leid zu vermeiden. Bei Traurigkeit noch um Nachschlag zu bitten, ist völlig unnatürlich. Jesus empfiehlt uns nicht, Leiden als Wochenend-hobby zu betreiben. Er möchte nur, dass wir eins begreifen: Im Schatten verborgen kann man unglaublichen Segen entdecken. Und diesen Segen sieht man möglicherweise nur unter Tränen.

Dick und Elizabeth Peterson waren glücklich verheiratet und genossen das Leben. Eines Tages diagnostizierte man bei ihr Multiple Sklerose. Dick wusste, dass ihnen eine schwere Zeit bevorstand. Was er nicht wusste: Er solle mehr von Jesus erfahren, als er für möglich gehalten hätte.

Als der „Eindringling" ihren Körper eroberte, war ihm, als hätte er auch seinen erobert. Er sah hilflos zu, wie sie den Gehstock gegen einen Rollator tauschte und den Rollator gegen einen Rollstuhl. Jeder Rückschlag war auch sein Rückschlag – *ihr* Rückschlag. Gemeinsam begriffen sie, dass sie die Fäden nicht mehr in der Hand hielten, als sich ihr Leben in einer Abwärtsspirale immer weiter der völligen Zerstörung näherte. Es gab nur einen Weg, den Weg, den die Krankheit vorgab, und er wurde immer schmaler.

Ihren ganzen Glauben legten sie in das Gebet um Heilung. Ihre Familie betete. Ihre Gemeinde betete. Sie hörten von Wundern und fragten sich, ob Gott eins an ihnen tun würde. Und wenn er kein Wunder tat, wer denn sonst?

---

* Wenn Sie diesen Satz zufällig gerade am 9. März lesen, könnte das darauf hindeuten, dass für Sie wirklich der Zeitpunkt gekommen ist, darüber hinwegzukommen. Im Übrigen fällt auch der USA-weite Prüf-deine-Batterien-Tag häufig auf den 9. März. Wenn Sie ihr Brandmelder mitten in der Nacht aus dem Schlaf reißt, werden Sie diese Fußnoten vielleicht noch ein wenig mehr zu schätzen wissen. Bitte sehr, gern geschehen.

Diese bohrenden Fragen waren selbst eine Form des Leids. Doch sie mussten noch eine andere Möglichkeit in Betracht ziehen, eine, über die sie vorher noch nie nachgedacht hatten. Vielleicht wollte Gott nicht *an ihnen handeln,* sondern *etwas für sie tun.*

Was für ein schockierender, ausgefallener, unerwarteter Gedanke.

Eines Tages fragte Elisabeth ihren Mann: „Musste ich wirklich all das durchmachen, um zu begreifen, dass Gott meine Seele wichtiger ist als mein Körper?"

Dick fragte Gott: „Ist das der Preis dafür, dass du mich Mitgefühl gelehrt hast?"

Sie gewannen unerwartete Einsichten, Aha-Erlebnisse und Gedanken, und sie alle beschäftigten sich mit den Wegen, die Gott mit uns geht. Als sie darum beteten, dass Gott Elisabeth ihr altes Leben wiederschenken möchte, kam ihnen der Gedanke, dass Gott ein *neues* Leben für sie viel mehr am Herzen lag. Ein tieferes. Ein weiseres.

Sie beteten um Veränderung in äußeren Dingen. Gott war die innere Veränderung wichtiger. Sie baten Gott, ihre Wünsche zu befriedigen, und begriffen immer mehr, dass Gott ihr Gebet erhörte, indem er ihre Bedürfnisse stillte.

Jeder Mensch erfährt irgendwann einen Verlust. Jeder trauert. Doch wer Jesus nachfolgt, wird merken, dass der Schmerz nicht vergebens ist. Dick erzählt, dass dieser Eindringling, diese hässliche Krankheit, sich immer noch in ihrer Familie aufhält – noch immer ist er nicht willkommen, noch immer stellt er jeden Tag neue Forderungen. Und immer noch bringt er dem Ehepartner wertvolle Lektionen bei, die man nicht auf andere Art lernen könnte, über Unterwerfung, Abhängigkeit, Dienen und die Art von Liebe, die Paulus in 1. Korinther 13 schildert. Alles, was das Leben auf uns einprasseln lässt, kann Gott gebrauchen, um uns näher zu ihm zu ziehen.

Durch Tränen sehen wir alles anders, und allmählich wirkt der Eindringling wie ein willkommener Gast.

Wenn das Unglück zuschlägt, steht uns vor allen Dingen das vor

Augen, was wir verloren haben. In Wirklichkeit aber füllt Gott diese Lücke. Mehr noch: Wir begreifen, dass Gott nicht nur *diese* Lücke füllt, sondern auch Lücken, die wir vorher gar nicht bemerkt hatten.

Jeder Mensch erfährt irgendwann einen Verlust. Jeder trauert. Doch wer Jesus nachfolgt, wird merken, dass der Schmerz nicht vergebens ist. Darauf liegt ein Segen, der völlig unlogisch erscheint. Wir müssen in den tiefsten Abgrund hinuntersteigen, ohne Taschenlampe, es in die Dunkelheit hineinwagen.

Doch dort finden wir den Segen, und er ist jeden Verlust wert.

Über die Sünde trauern

Trauer ist unsere Reaktion auf tragische Situationen. In diesem Sinn verstehen wir den Begriff in der Regel. Die Bibel aber spricht noch von etwas anderem.

Es gibt auch eine Form von Trauer, mit der wir auf Sünde in unserem eigenen Leben und in der Welt reagieren. Die erste Art von Trauer wird dadurch ausgelöst, dass von außen eine Katastrophe über uns hereinbricht. Die zweite Art von Trauer wird durch eine innere Katastrophe ausgelöst – die Sündhaftigkeit, die uns zerstört, die Menschen zerstört, die uns nahestehen, und auch die Welt um uns herum. In der gesamten Bibel finden wir eine Verbindung zwischen der Trauer über die Sünde – welcher Art auch immer – und Gottes Segen, den er uns zuspricht. In Israel trauerte häufig das ganze Volk und empfing Gottes Segen als ganzes Volk.

Für diese Art von Trauer gibt es ein interessantes Beispiel im Alten Testament. Wie Sie sich vielleicht erinnern, hatte David mit Batseba die Ehe gebrochen. Mit der Zeit begriff er, wie ungeheuerlich diese Sünde war. Er war am Boden zerstört, völlig aufgelöst. Er trauerte aus tiefster Seele. Und das wollte bei David etwas bedeuten.

In Psalm 32 redet er über die Zeit vor der Trauer. Oberflächlich betrachtet wirkte er damals sogar glücklicher. Verleugnung setzt eine fröhliche Maske auf. Doch innerlich sah es ganz anders aus. Er ließ sich den Leben und Glauben verändernden Segen Gottes entgehen:

> Glücklich ist der, dessen Sünde vergeben ist und dessen Schuld zugedeckt ist. Glücklich ist der, dem der Herr die Sünden nicht anrechnet und der ein vorbildliches Leben führt!
> (Psalm 32,1-2)

Zweimal taucht in diesen beiden Sätzen das Wort „glücklich" auf. Doch auch der Begriff „Sünde" findet sich gleich zweimal.

Sünde: schon ein interessantes Wort. Noch vor einem Jahrhundert sprach man viel häufiger von Sünde, Übertretung, Verfehlung, Frevel oder Verderbtheit. Im Neuen Testament finden wir dreiunddreißig verschiedene Begriffe für *Sünde*. Offenbar wussten wir früher mehr mit diesem Wort anzufangen.

Man erfährt eine Menge über eine bestimmte Gesellschaft, wenn man sich auf die Suche nach verschwundenen Wörtern macht. Heute hört man kaum noch, dass sich die Menschen über ihre Frevel und Übertretungen austauschen.

Vor einigen Jahren las ich, dass die Redakteure des *Oxford Junior Dictionary* versuchten, reinen Tisch zu machen und den Begriff *sin*, „Sünde", aus dem Wörterbuch zu streichen, nachdem man schon einige der älteren Synonyme daraus verbannt hatte. Offenbar war das ein altes, nicht mehr benutztes Wort, das gemütlich im Schaukelstuhl saß und über die alten Zeiten schwadronierte. Sein Cousin Frevel und seine Cousine Verderbtheit waren ja auch schon gestorben, und die Kinder kommen kaum noch zu Besuch. Kinder? Ja, die heißen *Fehler*. *Unglückliche Entscheidung*. Und natürlich *kleiner Schnitzer*.

Um ehrlich zu sein, spüre ich diese Spannung als Pastor ebenfalls. Wir neigen dazu, den Begriff *Sünde* durch *Fehler* oder andere unverfängliche Wörter zu ersetzen. *Sünde* klingt nach Vorhaltungen, nach einem erhobenen Zeigefinger, nach Einmischung. Also sprechen wir lieber über *unglückliche Entscheidungen* oder *Schnitzer*.

Aber diese Wörter passen eigentlich gar nicht, oder? Wenn ich Ihnen auf den Fuß trete, ist das wahrscheinlich ein Fehler. Meine Schuld, aber das war nicht mit Absicht! Ich war einfach ungeschickt.

Wenn ich Sie aber nicht ausstehen kann und Ihnen mit voller Kraft auf den Fuß trete, dann ist das kein Fehler. Jetzt begeben wir uns in das Gebiet der Sünde.

Ein anderer Begriff, mit dem wir *Sünde* ersetzen, lautet *Krankheit* oder *Störung*. Damit wird niemandem mehr Schuld zugewiesen. Ich hätte die Bank nicht überfallen sollen, aber wissen Sie, ich bin *gestört*. Mein Gehirn ist so vernetzt. Ich bin einfach in der *Abhängigkeit* gefangen, Banken mit einer Feuerwaffe zu betreten und sie mit Säcken voller Geld wieder zu verlassen.

Kann Sünde abhängig machen? Absolut. Nichts macht abhängiger als Sünde, die uns versklaven will. Aber wenn wir uns die Vorstellung zu eigen machen, dass wir Sünder sind und deshalb nicht unter Kontrolle haben, was wir tun, ist uns etwas Entscheidendes entgangen. Oder wir wollen, dass uns jemand anders die Verantwortung übernimmt.

Wir können das Wort *Sünde* aus den Wörterbüchern streichen. Wenn wir es nur aus unserer Seele streichen könnten! Als Gesellschaft können wir die Definition für *Sünde* ausradieren, doch die Situation ändert sich dadurch nicht. Die Sünde peitscht ihre Sklaven – und dazu zählt jeder, der diesen Planeten bewohnt – immer noch so aus wie früher. Wenn wir diese Tatsache nicht zur Kenntnis nehmen, kann es keine Trauer geben. Und ohne Trauer kein Bekenntnis. Und ohne Bekenntnis lassen wir uns den reichsten Segen entgehen, den Gott für uns bereithält, nämlich seine Gnade und Vergebung.

> **Wenn wir nicht sehen, wie tief die Sünde reicht, werden wir niemals verstehen, wie gewaltig Gottes Liebe und Gnade sind.**

Reden wir also nicht von einem Fehler, einer Abhängigkeit, einem Schnitzer. Nennen wir die Sünde beim Namen.

Vor etwa 1600 Jahren schrieb Augustinus in seinen *Bekenntnissen*: „Und eben darin beruhte meine Sünde, die um so unheilbarer war, je weniger ich mich für den Sünder hielt."[2] Darum braucht ein Prediger ein Wort, mit dem man diese ganze große Geschichte erzählen kann. Wenn wir nicht sehen, wie tief die Sünde reicht, werden wir niemals verstehen, wie gewaltig Gottes Liebe und Gnade sind.

Wem viel vergeben wird, der liebt auch viel, sagte Jesus (siehe Lukas 7,47). Wenn ich mich aus diesem Blickwinkel sehe – und das tut weh –, kann ich auch auf Gott vertrauen und mich daran freuen. Ich weiß, wie groß Gottes Gnade ist, weil ich weiß, wie wenig ich sie verdiene. Je größer und tiefer meine Trauer, umso größer die Party, die ich veranstalte, weil etwas Wunderbares geschehen ist.

In Psalm 32,3-5 heißt es weiter:

> Als ich mich weigerte, meine Schuld zu bekennen, war ich schwach und elend, dass ich den ganzen Tag nur noch stöhnte und jammerte. Tag und Nacht bedrückte mich dein Zorn, meine Kraft vertrocknete wie Wasser in der Sommerhitze. Doch endlich gestand ich dir meine Sünde und gab es auf, sie zu verbergen. Ich sagte: „Ich will dem Herrn meine Auflehnung bekennen." Und du hast mir vergeben und meine Schuld weggenommen!

Verleugnung scheint zunächst eine gute Idee zu sein. Das ist der Weg des geringsten Widerstandes. Doch folgt man diesem Weg besser nicht bis zum Ende. Manchmal ist es der enge Weg, der als einziger zum Ziel führt.

Haben Sie schon einmal erlebt, wie gut es tun kann, seine Sünde zu bekennen?

Es ist erstaunlich befreiend. Wir setzen so viel Energie ein, um wegzulaufen, uns zu verstecken und vorzugeben, jemand anders hätte das getan. Oder dass die Grube, die wir gegraben haben, in Wirklichkeit gar nicht so tief war. Oder dass wir dem Menschen, den wir verletzt haben, im Grunde geholfen haben.

Während wir davonlaufen, spüren wir, dass uns wie David die Kraft ausgeht. Da hilft es auch nicht, wenn wir noch so viel Zeit im Fitnesscenter verbringen – irgendwo ist ein Leck, und es findet sich offenbar ganz tief in uns drin.

Früher oder später hören wir auf zu rennen, meistens weil es keinen Ort mehr gibt, an dem wir Zuflucht suchen können. Dann lassen wir endlich die Tränen zu, und in diesem Augenblick schöpfen wir wieder Kraft. Doch das ist nicht unsere eigene Kraft, sondern die Kraft Gottes, mit der er uns umfängt. Wo ich am Ende bin, entdecke ich, dass er mich segnet.

Das Gegenteil der Trauer

Während ich mich damit beschäftigte, wie Gott von innen nach außen wirkt, fragte ich mich: *Was ist eigentlich das Gegenteil von Trauern oder Weinen?*

Natürlich ist das Gegenteil Lachen. Wie reagiert unsere Gesellschaft auf Sünde? Womit beschäftigen sich Stand-up-Comedians und Late-Night-Shows? Auf welche Gags bauen Sitcoms?

Sünde ist heute etwas zum Lachen, etwas, worüber man sich lustig macht. Wenn Trauer ein Weg ist, den man einschlagen kann, bewegt sich Lachen auf dem geistlichen Kompass genau in die entgegengesetzte Richtung. Und als ich mich mit diesem Stoff beschäftigt habe, ging mir dieser Gedanke durch den Kopf – genauer gesagt wurde ich von ihm überführt. Wie die meisten Menschen lache ich gern. Aber wie oft lache ich über Dinge, die eigentlich Anlass zum Trauern sein sollten?

Diese zweite Form der Trauer hatten wir ja anfangs als Reaktion auf die Sünde in uns selbst und *in der Welt um uns herum* definiert.

Trauert da draußen irgendjemand?

Wo ist der Mann, der über seine Selbstsucht und seinen Stolz weint?

Die Frau, die über ihre Klatschsucht und Eitelkeit weint?

Der Ehemann, der über seine Passivität weint und die lang zurückliegenden Jahre, in denen er seine Familie hätte führen können?

Wo ist die Ehefrau, die darüber weint, dass sie sich nicht unterordnen wollte und immer kritisiert hat?

Wo ist der Student, der über seinen Täuschungsversuch bei den Prüfungen weint, über seine sexuellen Begierden, seinen unverbesserlichen Zynismus?

Wo ist der Christ, der die Zeitung liest, die Sünde in unserer Kultur entdeckt und spürt, dass ihn das verletzt? Wirkliche Freude, wirklichen Frieden werden wir nur erfahren, wenn wir endlich zulassen, dass wir die Sünde sehen und darüber Tränen vergießen. Denn inmitten von Tränen und Trauer entdecken wir den Segen Gottes. Ich weiß, dass das ein wenig verrückt klingt, aber immer mehr empfinde ich so etwas wie Dankbarkeit, dass ich in der Lage bin, vor Gott über meine Sünde zu trauern. Solch ein Bekenntnis kann schmerzhaft sein, doch auf der anderen Seite fühlt es sich an, als springe ich an einem heißen Tag in erfrischend kühles Wasser.

Wirkliche Freude, wirklichen Frieden werden wir nur erfahren, wenn wir endlich zulassen, dass wir die Sünde sehen und darüber Tränen vergießen.

Sagen wir es also noch einmal ganz deutlich: Sie werden Sünden begehen. Das gilt für jeden Menschen. Trotzdem werden Sie zögern, Ihre Sünde zuzugeben und darüber zu trauern. Auch das gilt für jeden Menschen. Man muss nur verstehen, dass man damit auch den Segen Gottes verzögert. Es gibt keine Möglichkeit, diesen Segen zu erfahren, ohne dass ihm Trauer vorausgeht.

David, ein ziemlich guter Dichter, sagt: „Sei nicht wie ein unvernünftiges Pferd oder ein Maultier, das Gebiss und Zaumzeug braucht, damit es folgt" (Psalm 32,9). Kurzgefasst: *Sei kein Idiot.* Geh bereitwillig dorthin, wohin dein Herz dich führt, wohin du gehen musst.

Dann steht da noch Vers 11. Den liebe ich besonders. David hat etwas über das Schuldbekenntnis gesagt, über die wunderbare Vergebung und Gerechtigkeit Gottes, und den Gedankengang schließt er mit dem Satz ab: „Deshalb freut euch im Herrn und seid froh, die ihr ihm gehorsam seid! Jubelt alle vor Freude, deren Herzen aufrichtig sind!"

Eine Wüstenzeit hat er durchgemacht und eine Zeit der Trauer. Doch nun scheint die Sonne hell, es ist ein wunderschöner Tag. Zeit zum Feiern – der verlorene Sohn ist heimgekehrt, der lange, beschwerliche Weg liegt hinter ihm

Wer am Ende ist und nicht mehr weiterweiß, kann singen und jubeln.

Kleiner Bußratgeber

Trauer gehört nicht zu den Dingen, die „nicht der Rede wert" sind. Trauer ist auch nichts, das „in Ordnung ist, wenn man auf so etwas steht". Sie hat auch nichts damit zu tun, dass man nur „positiv denken muss, und dann geht es schon von allein weg". Trauer ist notwendig. Und sie tut uns gut. Wir werden dadurch gesegnet.

Wie wäre es, wenn Sie das einmal ausprobieren? Wenn Sie sich der Sünde in Ihrem Leben noch heute stellen und eine gewisse Zeit darüber trauern? Wie wäre es, wenn Sie sich Zeit nehmen, über die Sünde in unserer Welt nachzusinnen, über ihr zu beten und darüber zu trauern?

Bevor Sie das tun, denken Sie daran: Es wird Sie verändern. Es wird Ihre Sicht auf Sie selbst und die Welt auf dramatische Weise verändern. Im Grunde entscheiden Sie sich, alles aus dem Blickwinkel Christi zu sehen, von innen nach außen, und das geht nur, wenn Sie Christus ein wenig ähnlicher werden.

Jakobus hält folgenden Ratschlag für uns bereit:

Kommt zu Gott, und Gott wird euch entgegenkommen. Wascht euch die Hände, ihr Sünder; reinigt eure Herzen, ihr Zweifler! Erkennt eure Schuld und weint darüber; klagt und trauert! Seid traurig, statt zu lachen, und niedergeschlagen, statt euch zu freuen. Wenn ihr eure Schuld vor dem Herrn eingesteht, wird er euch wieder aufrichten.
(Jakobus 4,8-10)

Buße und Trauer fallen uns nicht leicht. Deshalb möchte ich Ihnen einige Leitfragen anbieten, die Sie sich selbst stellen können, wenn Sie diesen Weg der Buße gehen wollen, der zum Segen führt.

- Wie habe ich in den letzten Tagen gesündigt?
- Wer wurde von meiner Sünde noch verletzt?
- Abgesehen von dem Bekenntnis meiner Schuld vor Gott: Bei wem muss ich mich noch entschuldigen?
- Wie kann ich das Chaos beseitigen, das ich durch meine Sünde angerichtet habe?
- Welche Entschuldigungen und Rechtfertigungen habe ich gerade beim Beantworten dieser Fragen vorgebracht?

Im Alten Testament finden wir einige Traditionen und Rituale, die es sich anzuschauen lohnt. Eine nennt sich *Bußtrauer*. Sie erstreckte sich normalerweise über einen Zeitraum von sieben bis dreißig Tagen. Die ganze Gemeinschaft trauerte über ihre Sünde. Manchmal ging man in Sack und Asche als äußeren Ausdruck der inneren Trauer – um so sichtbar zu zeigen, dass man am Ende war.

Sie ahnen schon, worauf ich hinaus will. Ich fordere Sie auf, sich mir anzuschließen und eine Zeitlang zu büßen und zu trauern. Sieben Tage sind ein angemessener Zeitraum. Statt ein fröhliches Gesicht aufzusetzen, lassen Sie Tränen fließen.

Ratschläge zu modischen Sackgewändern habe ich nicht, aber vielleicht schneiden Sie sich einen Streifen groben Tuchs zurecht und binden sich ihn eine Woche ums Handgelenk. Das wird Sie daran erinnern, was in dieser Zeit ganz oben auf Ihrer Tagesordnung steht.

Manchmal bedauert man nur, dass man erwischt wurde. Trauer dagegen ist echt. Es ist eine Sache zwischen mir und Gott, und oft spielen Tränen dabei eine Rolle. Im siebzehnten Jahrhundert drückte der Puritaner Thomas Watson es so aus: „Tränen bringen Gottes Herz zum Schmelzen und binden seine Hand."

Diese Bußtrauer ist weit weg von dem „Mach dir einen schönen

Tag"-Glauben, den wir nur allzu gern predigen. Das weiß ich. Sie ist weder schwungvoll noch trendig. Aber sie richtet sich an der Wahrheit aus, und sie ist der Weg zur tiefsten Freude, die Gott für uns bereithält. Sie werden durch das Tal der Todesschatten gehen, aber eins verspreche ich Ihnen: Sie werden niemals allein sein.

Der Segen wartet auf Sie.

Kapitel 3

Erniedrigt, um erhöht zu werden

Ich habe gute Nachrichten! Höchstwahrscheinlich werden Sie nicht in einer Lawine umkommen.

Das habe ich wirklich nachgeschlagen. In den Vereinigten Staaten sterben jedes Jahr nur etwa dreißig Menschen bei einem Lawinenunglück, und das bedeutet, dass Sie wirklich gute Chancen haben, dieser Todesart zu entgehen.

Trotzdem wäre es nachlässig von mir, Sie nicht darauf hinzuweisen, dass Sie bei einem Lawinenunglück umkommen *könnten*. Wenn Ihnen das tatsächlich zustoßen sollte, möchte ich nicht, dass Ihre mangelnde Vorbereitung mein Gewissen belastet.

Falls Sie doch von einer Lawine begraben werden sollten, hier ein wichtiger Überlebenstipp:* *Erst spucken. Dann graben.*

Das war's schon. Einfach, oder?

Der größte Fehler, den man machen kann, wenn man von einer Lawine begraben wird und unter Tonnen von Schnee liegt, ist nämlich der, dass man sich blindlings herauszugraben versucht. Das mit dem Graben ist eine gute Idee. Das blindlings zu tun allerdings nicht. Nur allzu leicht gräbt man in die falsche Richtung und sich selbst damit noch tiefer ein.

Das Magazin *Popular Science* schrieb einmal über solch ein Lawinenopfer. Als die Rettungsmannschaften seine Leiche fanden, entdeckten sie, dass er sich im verzweifelten Versuch, nach oben zu kommen, noch knapp zehn Meter tiefer eingegraben hatte. Seine ganze Kraft hatte er darauf verwendet, sich von seinem eigenen Ziel zu entfernen. Hätte er doch erst gespuckt!

---

* Übrigens ist es fünfmal wahrscheinlicher, von einer herunterfallenden Kokosnuss getötet zu werden. Ich konnte jedoch keine hilfreichen Ratschläge finden, wie man den Tod durch Kokosnuss überlebt.

Sie verstehen es immer noch nicht?

Gut, hier die Erklärung: Wenn man im Schnee begraben ist, kann man nur schwer herausfinden, wo oben und wo unten ist, doch die Gesetze der Schwerkraft gelten immer noch. Also muss man sich den Schnee vom Gesicht wischen und spucken. Wenn die Spucke herunterfällt, liegt man mit dem Gesicht nach unten, und man muss sich umdrehen. Wenn die Spucke nach links oder rechts fällt, liegt man auf der Seite. Das ist wahrscheinlich die einzige Gelegenheit, bei der man sich wünscht, dass mir meine eigene Spucke ins Gesicht fällt. Denn wenn das der Fall ist, liege ich mit dem Gesicht nach oben, und in dieser Situation ist das gut.

Wenn jemand spuckt, erkennt er den Unterschied zwischen oben und unten. Ich bin mir sicher, dass das schon einmal jemand irgendwo gesagt hat. Wahrscheinlich ein wettergegerbter alter Bergsteiger. Wenn also alles vorbei ist und Sie vor einem Feuer im Kamin sicher zu Hause sitzen, ist das hier eine kleine Erinnerung daran, dass Sie mir eine Karte schicken, um sich bedanken. Oder auch einen Geschenkgutschein. Das liegt ganz bei Ihnen.

Als Jesus, der Rabbi, die Szene betrat, herrschte eine Menge Verwirrung, was den Orientierungssinn betraf. Oben kam vielen wie unten vor. Die Menschen versuchten das Licht zu finden, doch sie gruben sich nur noch tiefer ein. Es herrschte allgemeine Verwirrung, genauso wie heute. Als die Zeit erfüllt war, wie es in der Bibel heißt, kam Jesus, um den Kompass ein für alle Mal neu auszurichten.

Wenn Jesus Dinge wieder in Ordnung bringt, warum klingt das dann so, als ob er die Landkarte verkehrt herum hielte? Brauchen Sie noch mehr Hinweise? Dann denken Sie einmal über die dritte Seligpreisung nach. Hier sagt Jesus, dass der Weg nach unten in Wirklichkeit nach oben führt und der Weg nach oben nach unten.

> Gott segnet die Freundlichen und Bescheidenen, denn ihnen
> wird die ganze Erde gehören.
> (Matthäus 5,5)

Wieder hören wir diese Worte mit unseren Ohren des einundzwanzigsten Jahrhunderts, und uns fällt eine gewisse Ironie auf. Den Bescheidenen wird die ganze Erde gehören? Wirklich? Es sieht doch vielmehr danach aus, dass den Geschäftsführern, den Hollywoodstars, den Fernsehstars, den Machern, den Menschen, die die Fäden ziehen, die Erde gehört. Wenn man sich diese Leute anguckt, kommt einem nicht gerade der Begriff *bescheiden* in den Sinn.

Trotzdem beharrt Jesus darauf, auch im Lukasevangelium:

> Denn die Stolzen werden gedemütigt, die Demütigen aber werden geehrt werden.
>
> (Lukas 18,14)

Das ist eine radikale Umkehrung, und sie klingt großartig. Die Menschen, die man übersieht, die Stillen, diejenigen, bei denen man leicht vergisst, dass sie sich auch noch im Raum aufhalten, haben ihren großen Tag, während die Lauten, die Fordernden, die Leute, die glauben, ihnen gehöre die Welt, unter die Räder geraten. Diesen Tag würden wir gern im Kalender rot anstreichen.

Aber wann passiert das eigentlich, Jesus? Und wie?

Orientierungsschwierigkeiten

Jesus sagt, dass der Weg nach oben nach unten führt. Größe ist Demut.

In Lukas 18 erzählt Jesus ein Gleichnis, das uns hilft, die beiden Richtungssysteme, sein eigenes und das der Welt, miteinander zu vergleichen. Die Geschichte dreht sich um zwei Männer. Einer ist ein Pharisäer. Die Pharisäer waren eine Gruppe, die auf die zunehmende Kompromissbereitschaft in Sachen Religion unter den Juden reagierte. Sie wollten verständlicherweise die alte Religion wieder einführen, die in den kulturellen Verwerfungen jener Tage verloren gegangen war.

Die Leute schauten zu den Pharisäern auf, denn sie fühlten sich dem hebräischen Gesetz verpflichtet und waren im Allgemeinen aufrecht, gebildet und einflussreich. Wir würden sie heute in der gesellschaftlichen Rangordnung ganz oben ansiedeln.

Unten finden wir den anderen Mann in der Geschichte. Er war ein Steuereintreiber.

Erinnern Sie sich noch an die Prostituierte im ersten Kapitel? Selbst sie sah auf den Steuereintreiber hinab. Man darf ihn sich nicht als Finanzbeamten des ersten Jahrhunderts vorstellen, denn das vermittelt ein völlig falsches Bild. Er war eher ein Finanzbeamter, der gleichzeitig einer Terrorzelle angehörte. Nicht nur, dass er Steuern für die Römer eintrieb, er durfte außerdem ein zweites Mal in die Portemonaie hineingreifen, um sich persönlich zu bereichern. Im

Jesus sagt, dass der Weg nach oben nach unten führt.

Grunde war er ein Verräter mit der offiziellen Lizenz zum Diebstahl.

Diese beiden Männer also betreten den Tempel. Auf den ersten würde man deuten und dabei seinem Sohn sagen: „Siehst du diesen Mann? So etwas sollte auch aus dir werden, wenn du erwachsen bist." Auf den zweiten würde man deuten und zu seinem Sohn sagen: „Hilf mir, ein paar Steine zu sammeln."

Wer sind die Leute, die Jesus zuhören? Lukas liefert uns einige Hinweise. Es handelte sich um Menschen, „die sehr selbstgerecht waren und alle anderen mit Geringschätzung behandelten" (Vers 9). Eine sehr aussagekräftige Beschreibung, oder? Selbstgefällig und herablassend, das sind die Begriffe, die uns dazu einfallen. Die Geschichte, die Jesus erzählt, wirkt wie ein Faustschlag auf diese Leute, die die Nase hoch tragen. Das hätte leicht ins Auge gehen können, denn alle wussten genau, wen Jesus hier meinte. Stellen Sie sich beispielsweise einmal vor, ich würde eine Predigt in Louisville, Kentucky, halten und von ultrakonservativen Hinterwäldlern sprechen, die sich für etwas Besseres halten, dann würden alle wissen, von wem ich rede.*

Wenn wir so etwas lesen, fällt einem sofort jemand anders ein,

---

* Antwort: Kentucky-Fans. (Keine Sorge, die lesen nicht.)

auf den diese Beschreibung zutrifft. Wir nehmen fast sofort an, dass nicht wir, sondern jemand anders mit dieser Beschreibung gemeint ist. Doch sobald wir jemanden im Blick haben, auf den diese Wort zutreffen könnten, werden wir genau zu den Menschen, an die Jesus sich hier richtet.★

Alle Zuhörer in der Menschenmenge erkannten die Figuren wieder, von denen Jesus erzählte. Aber bezogen sie seine Worte auch auf sich selbst? Wenn wir im Gottesdienst ein richtiges Donnerwort hören, gehen wir immer davon aus, dass jemand anders in der nächsten Sitzreihe gemeint ist. Wir denken uns: *Ich hoffe, der nimmt sich diese Worte zu Herzen,* und nicht: *Trifft das auf mich zu?* Und wenn es gerade um Hochmut und Arroganz geht, wird damit unsere eigene Schuld bekräftigt.

Jesus richtet sich an eine Gruppe von Menschen, die der Meinung ist, er redet von einer völlig anderen Gruppe. Und das ist häufig der Fall.

Wie ich schon sagte, diese beiden Männer betreten den Tempel. Beide wollen beten, was ja hier nicht ungewöhnlich ist. Der Pharisäer, ein respektierter Vertreter des religiösen Establishments, betet:

> Ich danke dir, Gott, dass ich kein Sünder bin wie die anderen Menschen, wie die Räuber und die Ungerechten, die Ehebrecher oder besonders wie dieser Steuereintreiber da! Denn ich betrüge niemanden, ich begehe keinen Ehebruch, ich faste zwei Mal in der Woche und gebe dir regelmäßig den zehnten Teil von meinem Einkommen.
> (Vers 11-12)

Offenbar hat er mitten im Gebet kurz zur Seite geschielt. Er sieht einen Steuereintreiber und benutzt ihn als Kulisse, vor der er selbst noch in hellerem Licht erstrahlt – bevor er noch einige Worte des

---

★ Oh. Tut mir leid, liebe Kentucky-Fans. Mein Fehler.

Eigenlobs für seine Mildtätigkeit und Frömmigkeit findet: „Ich faste zwei Mal pro Woche, Herr, und ich gebe den Zehnten von jedem Cent, vor Steuern. Natürlich weißt du das. Ich wollte es nur noch mal erwähnen."

Eine Sache müssen Sie noch über die Pharisäer wissen. Weil sie in einer Zeit lebten, in der viele Menschen die Verbindung zu ihrer religiösen Tradition verloren, waren die Pharisäer besessen von religiösen Regeln, weil sie von den anderen so oft nicht beachtet wurden. Das machte sie zu einer Art Religionspolizei.

Und so machten die Pharisäer, die mit lauter guten Absichten angetreten waren, den Glauben Israels zu einer unerträglichen, fast unendlichen Liste von Dingen, die man tun oder nicht tun sollte – und meistens waren es Dinge, die man nicht tun sollte.

Diese Regeln hatte Gott ihnen um der Menschen willen gegeben, doch die Pharisäer hatten die Vorstellung, die Menschen existierten um der Regeln willen.

Sie könnten ein Pharisäer sein, wenn ...

Haben Sie es bemerkt? Das Gebet des Pharisäers beginnt mit einem Dank, genau wie viele der Lobpsalmen. Und das ist doch ein guter Anfang, oder? Man dankt Gott für seine Güte und seinen Segen. Dieser Mann allerdings hält sich selbst für einen Segen. „Ich danke dir, Gott, für dieses Wunder, das ich darstelle." Um den Effekt noch zu verstärken, zieht er die üblichen Verdächtigen aus dem Kreis der zweifelhaften Charaktere vor Ort und Stelle heran und vergleicht seine Rechtschaffenheit mit ihrer Ungerechtigkeit.

Wir würden natürlich *niemals* so etwas beten, oder? Und wieder sehe ich mich gezwungen, darauf hinzuweisen, dass wir uns selbst überführt haben, sobald wir so etwas sagen oder denken. Das ist eine echte Falle.

Hochmut und Demut, das ist ein großes Thema. Falsche Demut

äußert sich in Hochmut, der jedem Menschen ins Auge springt, abgesehen vom Sprecher selbst. In der Bibel heißt es: „Immer bestimmt ja euer Herz, was ihr sagt" (Matthäus 12,34). Letzten Endes verraten uns unsere Worte, ganz egal, wie sehr wir darauf achten, was wir sagen.

Wie äußert sich ein hochmütiges Herz in dem, was wir sagen? Wie kann man an dem, was mir über die Lippen kommt, erkennen, ob ein Pharisäer in mir steckt?

Vielleicht sind Sie ein Pharisäer, wenn ...

Wenn es in unserem Leben keinen Menschen gibt, der uns auf liebevolle Art Kritik und Feedback anbietet, liegt das nicht etwa daran, dass wir so etwas nicht mehr nötig haben.

... Sie sich dabei ertappen, dass Sie sagen: „So kannst du nicht mit mir reden!"
Hochmut lässt uns eine Verteidigungshaltung aufbauen. Wir sind nicht bereit, uns kritisieren und korrigieren zu lassen. Im Grunde sagen wir: „Gegen diese Art von Ratschlägen bin ich immun." Wir setzen damit auch eine Hierarchie voraus, in der wir uns höher einordnen als unser Gegenüber. Schon der Gedanke, dass uns jemand korrigieren könnte, überrascht uns. Wir reagieren beleidigt und in arrogantem Ton. Wenn wir auf diesem Weg noch nicht allzu weit gegangen sind, fragen wir uns: *Wo kommt das denn her?*

Wenn es in unserem Leben keinen Menschen gibt, der uns auf liebevolle Art Kritik und Feedback anbietet, liegt das nicht etwa daran, dass wir so etwas nicht mehr nötig haben. Ich hoffe, dieser Gedanke ist Ihnen jetzt nicht völlig neu. Vielleicht denken Sie ja: *Niemand gibt mir Ratschläge, weil niemand einen Kritikpunkt an mir findet.* Ich kann Ihnen versichern, dass der folgende Satz eher an der Wahrheit liegt: Niemand gibt Ihnen Ratschläge, weil jeder weiß, dass das kein gutes Ende nimmt.

... Sie sich dabei ertappen, wie Sie sagen: „Warum soll denn ausgerechnet ich mich entschuldigen?"
In den Sprüchen heißt es: „Stolz führt zu Streit" (Sprüche 13,10).

Hochmütige Menschen werden magnetisch vom Streit angezogen. Und wenn ein hochmütiger Mensch sich auf einen Streit einlässt, kann der gewaltige Ausmaße annehmen, weil ihm nichts schwererfällt, als sich zu entschuldigen. Denn dafür braucht man Demut.

Manche Wörter und Sätze kommen hochmütigen Menschen nur schwer über die Lippen. „Das war falsch von mir. Bitte vergib mir", zum Beispiel. Das tut ihnen entsetzlich weh, weil es einer Niederlage gleichkommt, und hochmütigen Menschen ist es unglaublich wichtig, sich beim Austausch von Argumenten, einer Diskussion in der Schule, einer politischen Auseinandersetzung oder einem Streit in der Familie nicht geschlagen zu geben. Und hochmütige Menschen veröffentlichen ihren Standpunk oft im Internet.

Hochmütige Menschen (und leider gibt es davon ziemlich viele) werden die gravierendsten Meinungsverschiedenheiten aussitzen, ohne sich zu entschuldigen. Das halten sie über Jahrzehnte durch und hoffen irgendwie, dass den anderen irgendwann die Luft ausgeht. „Da lag ich falsch", oder „das war meine Schuld": Solche Sätze kommen niemals infrage. Wenn es selten, ganz selten einmal vorkommt, dass sich ein hochmütiger Mensch entschuldigt, wird er noch eine Einschränkung anfügen: „Es tut mir leid – aber …" Doch Entschuldigungen mit solch einer Einschränkung scheinen irgendwie nicht zu funktionieren.

… Sie sich dabei ertappen, wie Sie sagen: „Das ist nicht fair."

Die Frage dabei ist: Was verstehen wir unter fair? Wenn ich das Gefühl habe, ich verdiene mehr als die anderen, werde ich eine ganze Menge als unfair empfinden. Warum hat sie eine Gehaltserhöhung bekommen? Warum wohnt er in einem so großen Haus? Warum hat man ihn zum Ältesten meiner Gemeinde gewählt? Warum sagen alle Leute über sie so nette Dinge?

Hier ein Hinweis: Wenn es Ihnen schwerfällt, mit anderen Menschen ihren Erfolg oder Sieg zu feiern, leiden Sie möglicherweise an einer Form von Hochmut. Und wenn sie keine Dankbarkeit für das empfinden, was Ihr Leben reich und gut macht, ist das auf dasselbe Problem zurückzuführen.

Wenn Sie glauben, dass Ihnen ohnehin alles zusteht, warum sollten Sie dann dankbar sein? Sie haben es sich doch verdient. Wenn Sie das Gefühl haben, Ihnen stünde alles zu, wenn Sie nicht zufrieden sind mit dem Maß an Anerkennung, das man Ihnen entgegenbringt, wenn Sie sich zu viel Gedanken darüber machen, ob man Ihre Leistungen auch gebührend zur Kenntnis nimmt – dann könnten Sie ein Pharisäer sein.

... Sie sich dabei ertappen, wie Sie flüstern: „Hast du schon gehört, dass ...“

Pharisäer lieben den neusten Klatsch. Denn damit zeigen sie den anderen, wo ihr Platz ist, und unterstreichen ihre eigene Überlegenheit. Ein oder zwei Steuereintreiber finden wir immer. Andere Menschen mit ihren Macken stellen für uns eine Trittleiter dar, mit der wir nach ganz oben kommen.

... Sie sich dabei ertappen, wie Sie sagen: „Ich habe es nicht nötig, Hilfe anzunehmen.“

Ist Ihnen aufgefallen, dass der Pharisäer im Gleichnis Gott an keiner Stelle um Hilfe bittet? „Ich wollte mich nur mal melden, Gott – ich habe alles unter Kontrolle.“ Gott soll wissen, dass er alle wichtigen Themen abgehakt hat, seine Almosen, das Fasten. Ohne ihn würde Gott eigentlich gar nicht zurechtkommen.

Hochmut hindert uns daran zu begreifen, wie sehr wir auf Gott angewiesen sind.

Wie sehen Ihre Gebete aus? Wenn Sie sich darin beschweren und selbst rechtfertigen, könnte es sein, dass Hochmut ein Problem für Sie ist und dieses Gleichnis Ihnen gilt.

... Wenn Sie sich dabei ertappen, wie Sie sagen: „Das liegt nicht an mir, sondern an dir."

Das klingt wie die umgedrehte Version eines beliebten Satzes, mit dem man Schluss macht. In diesem Fall jedoch ist er darauf zurückzuführen, dass Pharisäer hundertprozentige Sehkraft haben, wenn es darum geht, die Fehler anderer Menschen auszumachen. Doch ihr eigenes Spiegelbild sehen sie nicht. Die Bibel weist darauf hin, dass Hochmut blind macht. Den Hochmut im eigenen Leben sieht man nicht, weil … nun ja, weil man hochmütig ist.

Letzte Woche habe ich meine Kinder zur Schule gefahren. Mein neunjähriger Sohn stellte mir eine gute Frage. „Papa", meinte er, „warum redest du immer mit den anderen Autofahrern? Du weißt doch, dass die dich nicht hören können."

Hochmut hindert uns daran zu begreifen, wie sehr wir auf Gott angewiesen sind.

Aber *er* konnte mich natürlich hören. Und ich dachte darüber nach, was genau er hören konnte. Eins hörte er jedenfalls nicht: dass sein Vater für die anderen Autofahrer ermutigende und Leben spendende Worte übrig hatte, dass er Verantwortung für sein Handeln übernahm und sich für eigene Fahrfehler entschuldigte.

Schuld ist immer der andere Fahrer … oder auch die andere Fahrerin, wie es so häufig der Fall ist.* Sehen Sie, was ich hier gerade tue? Abgesehen davon, dass ich mir selbst eine Grube grabe, weise ich darauf hin, dass das nicht mein Problem ist, sondern das eines anderen – noch dazu vom anderen Geschlecht. Wir sehen das bei anderen Leuten und wissen, dass wir anders handeln sollten, aber es fällt uns schwer, das bei uns selbst zu erkennen.** Mein Sohn hörte seinen Vater, der von seinem überlegenen Fahrstil völlig überzeugt war und auf die Fahrkünste der anderen abschätzig herunterblickte – ein Pharisäer auf Rädern.

---

* War nur Spaß, aber statistisch gesehen …
** Sehr geehrte Frau im weißen Honda Pilot letzten Dienstag auf der Westport Road, das ist kein Schuldeingeständnis. Nächstes Mal benutzen Sie bitte Ihren Blinker.

Meine Windschutzscheibe vergrößert die Fahrfehler der anderen. Links und rechts habe ich große Seitenscheiben, durch die ich jedes Fahrzeug außer meinem eigenen sehen kann. Und ich habe einen winzigen Spiegel, der mich zeigt.

Sie könnten ein Pharisäer sein, wenn …

- … Sie sich dabei ertappen, dass Sie sich über den Misserfolg eines anderen Menschen freuen.
- … Sie besessen davon sind, wie andere über Sie denken.
- … Sie absolut davon überzeugt sind, dass Ihre Meinung die einzig richtige ist, dass Ihre Bemühungen die größte Anerkennung verdienen, Ihr Geschmack in allen Dingen der maßgebliche ist, dass Sie reden und alle anderen zuhören sollten.

In Ihnen steckt vielleicht ein winziger, aber sehr überzeugender Pharisäer.

Sie sind nicht allein.

Hochmut ist ein hervorstechender Zug der Menschheit – nicht nur eine der „Todsünden", sondern die Mutter aller Sünden. Der Pharisäer drängt sich immer wieder hinein, ganz egal, wie oft wir ihn hinausjagen. Das Problem ist, dass wir ihn füttern, ihn wachsen lassen, ihn in der Öffentlichkeit beten lassen, und schon bald wird er die Regie übernehmen. Man muss andauernd wachsam sein, und wenn man diese Aufgabe gut erledigt, hat man einen weiteren Grund, hochmütig zu werden.

Warum ist dieser innere Pharisäer so stark und mächtig?

Pharisäer leisten etwas

Der Schlüssel zum Verständnis dieses inneren Pharisäers liegt darin, dass es für ihn immer um Leistung geht. Das ist natürlich genau der Teil, den andere von uns sehen: das, was wir tun. Wir neigen dazu, uns auf die äußere Erscheinung zu konzentrieren. Das liegt in der menschlichen Natur, und der Pharisäer beherrscht das ganz hervorragend. Wenn er das Leben zu einem Gerechtigkeitswettbewerb machen kann, kann er den auch gewinnen, weil er die Regeln so genau kennt wie manche Leute die Baseballstatistiken von 1927.

Religion bedeutet für ihn vor allem, die Regeln zu befolgen und etwas zu leisten. Zu fasten und dann darüber zu bloggen. Reichlich zu spenden und die Unterschrift auf dem Scheck extra groß zu hinzumalen. Ein „Zeugnis" zu geben. Pharisäer geben liebend gern Zeugnisse, das gefällt ihnen fast so gut wie das Internet. Wenn meine Identität davon bestimmt wird, was andere über mich denken, muss mein Glaube etwas sein, das alle sehen können, damit niemand eine meiner frommen Taten verpasst.

In Matthäus 23,5 spricht Jesus von geistlichen Führungspersönlichkeiten dieses Typs. Er sagt: „Alle ihre Werke aber tun sie, um sich vor den Menschen sehen zu lassen" (ELB). Das ist die beste Definition eines pharisäischen Lebensstils, die ich kenne. Eins der zentralen Themen dieser Predigt, die Jesus gehalten hat, lautet: Gott sieht das Herz an. Daran erkennt er, wie wir wirklich sind. Leistung kann man sehr einfach fälschen.

Die große Gefahr eines leistungsorientierten Glaubens ist die: Wenn man uns erst einmal stürmisch applaudiert, weil wir so viele wunderbare Dinge erreicht haben, fangen wir an, dieser Scharade selbst zu glauben. Wir ersetzen das Herz durch die Hand.

Wenn man uns erst einmal stürmisch applaudiert, weil wir so viele wunderbare Dinge erreicht haben, fangen wir an, dieser Scharade selbst zu glauben.

Die Pharisäer der biblischen Zeit waren in puncto Regeln und fromme Werke so gut, dass sie in ihrer eigenen Sicht der Dinge zu Legenden wurden. Aber das entsprach nicht der Wirklichkeit. Der Messias stand vor ihnen, und ihre Augen sahen ihn nicht. Die Not der Hungernden und Kranken, überhaupt der Menschen um sie herum, nahmen sie nicht wahr. Es gab keine Schnittmenge zwischen dem, was ihnen am Herzen lag, und dem, was Gott am Herzen lag.

Die Menschen liebten und verehrten die Pharisäer, und deshalb liebten und verehrten die Pharisäer sich selbst. Sie fielen auf die Begeisterung über sich selbst herein, und darüber entging ihnen das größte Wunder der Menschheitsgeschichte.

Es ist leicht, die religiösen Führungspersönlichkeiten des ersten Jahrhunderts zu kritisieren – bis wir die Texte in unsere eigene Kultur übertragen. Wir neigen dazu, uns mittels sozialer Netzwerke selbst zu überhöhen. Damit trete ich mir natürlich selbst auf die Zehen, und das ist nebenbei bemerkt eine höchst ungewöhnliche Körperposition.

Die sozialen Netzwerke wurden erfunden, um uns von unserer besten Seite zu zeigen. Sie sind eine Form der Eigenwerbung, und meistens posten wir nur Dinge, die wir andere Menschen auch sehen lassen wollen. Wenn wir uns also in Facebook durch die verschiedenen Beiträge scrollen, sehen wir idealisierte Fassungen von allen Leuten, die wir kennen. Auf den menschlichen Hochmut ist es zurückzuführen, dass wir genau dasselbe tun. Es ist fast unmöglich, Demut mittels sozialer Netzwerke zu vermitteln. Im amerikanischen Englisch gibt es das Wort *humblebrag*, zu Deutsch so viel wie „mit Bescheidenheit angeben", das einen neuen Sachverhalt umreißt.

Humblebragging bezeichnet also einem neuen Buch zum Thema zufolge, die Kunst der falschen Bescheidenheit zu praktizieren. Zum Beispiel twittert ein Geschäftsmann Folgendes:

Hab gerade meine Steuererklärung eingereicht. Es stimmt schon, was man sagt: Kein Geld, keine Probleme.

Eine junge Frau aktualisiert ihren Status:

Ich hasse es, wenn ich in der Stadt irgendwo etwas essen will, und die männlichen Angestellten sind so beschäftigt damit, mich anzubaggern, dass sie mir nicht das bringen, was ich bestellt habe. :-(Echt ärgerlich!

Oder eine Mutter lobt auf kreative Weise ihre mütterlichen Fähigkeiten.

> Meine kleine Prinzessin hat mir wieder Frühstück ans Bett gebracht. Na ja, wird wohl heute nichts mit der Diät. Auch egal …

Gut, diese Sätze sind nicht sonderlich subtil, wenn die Schreiber versuchen, ein kleines Lob mit hineinzuschmuggeln. Aber wie oft posten wir zum Beispiel, dass wir nach unserem wilden und verrückten Urlaub völlig erschöpft sind, und geben vor, das Schlüsselwort sei das demütige *erschöpft*, obwohl wir in Wirklichkeit Wert darauf legen, dass alle wissen sollen, wie toll unser Urlaub war?

Ich hoffe sehr, dass ich dieses *humblebragging* vermeide, aber ich weiß, dass meine Posts in den sozialen Netzwerken für die meisten Menschen sehr danach klingen. Natürlich schreibe ich dort nur Dinge, von denen ich will, dass die anderen sie hören.

Neulich stellte ich mich einem Gast in unserer Gemeinde vor, der aus einer anderen Stadt kam. Wir waren uns noch nie begegnet, und er meinte: „Also, ich hab das Gefühl, ich kenne dich schon lange, weil ich dir auf Facebook und Twitter folge." Das fand ich seltsam. Ich dachte mir, *du weißt über mich nur das, von dem ich will, dass du es weißt.* Sehen Sie die Gefahr? Ohne überhaupt darüber nachzudenken, stellen wir uns vor unglaublich viele Menschen hin und lassen uns im allerbesten Licht erscheinen.

Vergleiche

Wer sind Ihre Vorbilder? An wem messen Sie sich? Wenn Sie ein besserer Mensch, eine bessere Mutter oder ein besserer Vater werden wollen, schauen Sie nach oben. Sie suchen jemanden, der Sie inspiriert und Ihnen das eine oder andere beibringen könnte. Wenn Sie ein Problem mit Hochmut haben, tun Sie das nicht. Natürlich, Sie würden sich auch mit jemandem vergleichen – und zwar andauernd –, aber Sie würden nach unten schauen, nach Menschen, an denen gemessen Sie sich richtig gut fühlen. Hochmut und Unsicherheit finden sich gern zusammen.

Der Pharisäer in der Geschichte aus Lukas 18 schaut beim Vergleich nach unten, weil er möchte, dass Gott ihn im denkbar besten Licht sieht. Er schaut nicht zu anderen religiösen Führungspersönlichkeiten auf oder zu den Propheten der Vergangenheit. Er vergleicht sich mit einem Angehörigen der niedrigsten Gesellschaftsschicht, einem Mann, der gerade mal über der Küchenschabe rangiert. Und wo er schon dabei ist, bringt er auch die anderen Verlierertypen ins Gespräch, auch wenn sie nicht anwesend sind, Räuber, Ungerechte und Ehebrecher. Als er die Liste abgearbeitet hat, kommt er sich im Vergleich ziemlich gut vor.

Es spricht Bände, dass der Pharisäer sich hauptsächlich in Vergleichen ergeht, obwohl das normalerweise nicht zu einem Gebet gehört. Das zeigt, wie der Pharisäer denkt. Weil es ihm um Leistung geht, bewertet er sich selbst vor dem Hintergrund der denkbar schlechtesten Leistung, und so erscheint er in einem guten Licht.

Es ist eine amerikanische Eigenart, sich mit anderen zu vergleichen. Es ist auch eine Falle. Noch einmal: In den sozialen Netzwerken sehen wir andauernd, wie gut es den anderen geht, wie wohlhabend und glücklich sie sind. Und wir peppen die online gestellten Bilder auf, damit wir mithalten können.

Das geht zum Beispiel mit einer Fotosoftware, mit der wir unsere Bilder bearbeiten, damit uns jeder von unserer besten Seite sieht. „Echte" Bilder sind inzwischen so selten geworden, dass manche Leute den Hashtag *#nofilter* anfügen, wenn sie ein Bild so posten, wie es aus der Kamera gekommen ist.

Doch selbst dann ist das #nofilter-Bild mit hoher Wahrscheinlichkeit das beste, was wir im Verlauf des vergangenen Jahres aufgenommen haben. Und so ein Hashtag ist im Grunde auch nichts anderes als eine Form der Angeberei.

Für den Hochmut gilt: Man kann vor ihm davonrennen, aber sich nicht verstecken.

Ein „Ich"-Problem

Die größte Gefahr im Leben besteht darin, dass wir etwas anderes als Jesus zum Fundament unserer Zuversicht machen. Leistungsorientierte Religion ist für viele von uns, die in der Gemeinde aufgewachsen sind, solch ein selbst gewähltes falsches Fundament.

Es fällt uns schwer, über unseren Glauben zu reden, ohne wie der Pharisäer dabei zu erwähnen, was wir alles für Gott getan haben. Vielleicht beten wir mit anderen Worten als er, aber auch wir sind gern in der Lage, jederzeit eine Liste mit unseren Verdiensten aus der Tasche zu ziehen. Es ist so einfach, auf Äußerlichkeiten hinzuweisen und zu erklären, was wir alles leisten. Jesus aber interessiert sich dafür, wie es in uns aussieht. Nur er kann in uns hineinblicken, dort, wo wir keine falschen Fassaden errichten können.

Fünfmal benutzt der Pharisäer das Personalpronomen *ich*. „*Ich* danke dir, Gott, dass *ich* kein Sünder bin wie die anderen Menschen … Denn *ich* betrüge niemanden, *ich* begehe keinen Ehebruch, *ich* faste zwei Mal in der Woche und gebe dir regelmäßig den zehnten Teil von meinem Einkommen" (Lukas 18,11-12). Wenn es einen Hochmuts-Index gibt, bemisst er sich danach, wie oft ich auf hundert Worte ein Personalpronomen der ersten Person benutze.

Die größte Gefahr im Leben besteht darin, dass wir etwas anderes als Jesus zum Fundament unserer Zuversicht machen.

In 3. Mose wird ein eintägiges Fasten einmal pro Jahr empfohlen. So will es das Gesetz Gottes. Unser Pharisäer fastet zwei Mal pro Woche. Das ist über einhundert Mal mehr, als Gott es anordnet. Aber führt Gott wirklich so darüber Buch? Gibt es eine Fastenmeisterschaft? Nicht, wenn es von Herzen kommt.

Warren Wiersbe schreibt:

> Die große Sünde der Pharisäer war die Heuchelei, und ihr lag
> Hochmut zugrunde. Ihre Religion war auf Äußerlichkeiten ange-
> legt, nicht auf den inneren Menschen; sie wollten damit Menschen
> beeindrucken und nicht Gott gefallen. Anderen Leuten legten sie
> schwere Lasten auf, während Christus kam, um die Menschen zu
> befreien (Lukas 4,18-19). Auf Auszeichnungen und öffentliche An-
> erkennung legten sie Wert und glorifizierten sich selbst auf Kosten
> anderer.[1]

Gleich daneben

Im Gleichnis schwenken wir nun vom Gebet des Pharisäers zum Gebet seines Erzfeindes, dem Steuereintreiber. Während der Pharisäer
von sich selbst überzeugt ist, ist der Steuereintreiber am Ende.

Man hört es in seinem Gebet: „O Gott, sei mir gnädig, denn ich
bin ein Sünder" (Lukas 18,13). Es fasziniert, wie genau Jesus hier die
Körpersprache beschreibt. Während der Pharisäer mitten im Tempel
steht und die Aufmerksamkeit auf sich zieht, bleibt dieser Mann „in
einigem Abstand stehen". Das tut man nicht, wenn man eine Show
abziehen will.

Dann lesen wir, dass der Steuereintreiber nicht einmal zum Himmel aufschaut. Was sagt uns das? Er ist seiner Unwürdigkeit im Angesicht Gottes bewusst. Darüber hinaus hören wir, dass er sich an die
Brust schlug. Das ist kein Lippenbekenntnis, er spult nicht nur einfach
sein Gebetsprogramm ab. Dieser Mann trauert über seine Sünde. Sein
Gebet besteht nur aus wenigen Worten, doch darin kommt seine Demut zum Ausdruck. Sein Gebet kommt von innen. Dieser Mann hat
den Tempel aufgesucht, um Gott zu begegnen. Nichts anderes spielt
mehr eine Rolle. Er steht abseits, er weiß, wer er ist und wer Gott ist.
Und dieses Gebet fällt ihm schwer.

Wie wir gesehen haben, spricht Jesus den Demütigen in den Seligpreisungen, die wir in Matthäus 5 finden, seinen Segen zu. Im nächsten Kapitel wird die Predigt fortgesetzt, und Jesus spricht darüber, welche Art von Gebet Gott gefällt. Hier eine Wiedergabe aus der Fassung *The Message*:

> Und wenn ihr vor Gott tretet, macht daraus keine Theatervorstellung. All diese Leute ziehen eine Show ab, wenn sie beten, und hoffen, Stars zu werden. Glaubt ihr etwa, Gott sitzt in der Loge? Ich möchte Folgendes von euch: Sucht euch einen ruhigen, abgelegenen Ort, damit ihr nicht in die Versuchung geratet, vor Gott ein Rollenspiel aufzuführen. Seid so ehrlich und schlicht, wie es euch nur möglich ist. Dann geht es nicht mehr um euch, sondern um Gott, und ihr werdet anfangen, seine Gnade zu erfahren.
> (Matthäus 6,5-6)

Der Pharisäer hält die ganze Welt für eine Bühne und sich selbst für einen Schauspieler, dem Gott begeistert applaudiert. Er befolgt nicht nur die Regeln, sondern denkt sich auch noch neue aus. Dabei ist er ein leistungsorientierter Streber, der die Leiter erklimmt und alle, die ihm im Weg stehen, zur Seite stößt.

Gott aber lässt sich davon nicht beeindrucken. Er will, dass wir in *seinem* Theater sitzen und seine Herrlichkeit sehen, denn eine andere Herrlichkeit gibt es nicht. Der Steuereintreiber hat das verstanden. Er zeigt uns, wie es aussieht, wenn jemand am Ende ist. Innerlich ist er zerbrochen. Gottes Majestät macht ihn demütig. Er kann nur noch um Gnade und Barmherzigkeit bitten, während er bekennt, welchen Tribut die Sünde in seinem Leben gefordert hat.

Nachdem Jesus die Geschichte erzählt hat, verteilt er Zensuren. Der religiöse Experte bekommt eine Sechs, der stammelnde Sünder eine Eins. Der Steuereintreiber, dem sein Gebet so schwergefallen war, „kehrte heim als ein vor Gott Gerechtfertigter. Denn die Stolzen werden gedemütigt, die Demütigen aber werden geehrt werden" (Lukas 18,14).

Wieder einmal stellt Jesu unsere Erwartungen auf den Kopf.

To-do-Listen und Not-to-do-Listen

Im Pastorendienst lernt man das eine oder andere. Zum Beispiel, dass Menschen in die Kirche kommen, weil sie nach Lösungen suchen. Sie wissen bei ihren Problemen nicht mehr weiter und fragen sich, ob es eine übernatürliche Antwort geben könnte. Schulden, Abhängigkeit, das Scheitern der Ehe – worum es sich auch dreht, früher oder später fragen sie nach Schritten, die sie gehen können. Nach Punkten, die man – einen nach dem anderen – abhaken kann. „Was kann ich tun?" Wir nehmen immer an, dass die Antwort in dem Wörtchen „tun" zu suchen ist.

Zwar gibt es wirklich Dinge, die getan werden müssen, aber trotzdem sind sie kein Ersatz für Demut. An diesem Punkt sagt dann jemand: „Klar, habe ich verstanden. Aber es muss doch etwas geben, was ich tun kann. Abgesehen davon, dass ich demütiger werde."

Es ist so viel einfacher, etwas zu *tun*, als zu *sein*. Etwas zu tun, bedeutet Aktionismus. Zu sein dagegen, erfordert wirkliche Veränderung.

Sie wollen wissen, was zu tun ist? Gut, dann können wir das folgendermaßen machen:

- Bleiben Sie in einigem Abstand stehen.
- Schlagen Sie sich auf die Brust.
- Beten Sie: „Oh Gott, sei mir gnädig."
- Meinen Sie das ernst.

Ich lehne mich mal weit aus dem Fenster und behaupte, dass der letzte Punkt in dieser Liste der Schlüssel ist. Das geschieht, wenn man Demut lernt.

Sind Sie auch an Dingen interessiert, die man auf gar keinen Fall tun sollte?

- Führen Sie nicht alle Argumente auf, die für Sie sprechen.
- Ziehen Sie nicht die Liste mit all Ihren Leistungen aus der Tasche.
- Bitten Sie Gott nicht um seinen Segen, indem Sie sich mit anderen vergleichen.
- Zählen Sie Gott nicht alle Gründe auf, weswegen Sie Segen verdienen.
- Gratulieren Sie Gott nicht dazu, dass er sich glücklich schätzen kann, Sie als sein Kind zu haben.
- Danken Sie Gott nicht für all die harte Arbeit, die Sie für ihn erledigt haben.

Es gibt keinen Ersatz dafür, sich vor Gott zu demütigen. Ein demütiges Herz gefällt Gott. Wer in Demut zu ihm ruft, lädt ihn ein, seine Macht zu zeigen. Hat Jesus damit wirklich etwas Neues gesagt? Nein, in der Bibel konnte man schon früher und recht häufig davon lesen. In Psalm 18,28 heißt es: „Denn du rettest den Elenden, aber die Stolzen erniedrigst du." In Sprüche 3,34 lesen wir: „Der Herr verspottet die Spötter, den Demütigen aber schenkt er Gnade." Und in Jesaja 66,2 sagt Gott: „Ich achte auf die, die gedemütigt worden sind und einen gebrochenen Geist haben und vor meinem Wort zittern."

Es gibt keinen Ersatz dafür, sich vor Gott zu demütigen.

In der Bergpredigt unterstreicht Jesus noch einmal eine Wahrheit, die von Anfang an verkündet wurde. Uns kommt es nur deshalb wie eine Umkehrung vor, weil wir selbst vieles in die verkehrte Richtung gedreht haben.

Wer sich selbst erniedrigt

Schauen Sie einmal auf die letzten Worte Jesu im Gleichnis vom Pharisäer und dem Steuereintreiber: „Wer sich selbst erniedrigt, wird erhöht werden" (Lukas 18,14).

Gedemütigt zu werden, halten wir manchmal für etwas, das wir passiv ertragen – dass uns also jemand oder etwas demütigt. Arbeitslosigkeit, eine gescheiterte Beziehung, ein zerbrochener Traum demütigen uns. Doch Jesus spricht von einer aktiven Tätigkeit – wir demütigen beziehungsweise erniedrigen uns selbst. Das ist nichts, worauf wir warten, weil es von selbst passiert. „Erniedrige dich selbst." Das klingt irgendwie nicht richtig, oder? Fast ein wenig masochistisch. Wir sind es gewohnt, dass man uns anspornt, uns selbst zu behaupten, nicht uns selbst zu erniedrigen.

Vor einigen Jahren erreichte Nik Wallenda fantastische Einschaltquoten im Fernsehen.

Auf einem Hochseil überquerte er 2012 die Niagarafälle. Ein Jahr später überquerte er als Erster den Grand Canyon auf einem Seil. Ich wusste, dass er überzeugter Christ ist, und fragte mich, wie er mit dem Problem des Hochmuts umgeht. Wie erniedrige ich mich selbst, wenn ich auf irgendeinem Gebiet der Beste der Welt bin und Millionen von Menschen einschalten, um jeden meiner Schritte zu bejubeln?

Ich werde es Ihnen erklären. Zu diesen Veranstaltungen kommen unglaublich viele Menschen und hinterlassen hinterher riesige Abfallberge. Nach dem Drahtseilakt stieg Wallenda nicht in eine Limousine und fuhr nach Hause. Stundenlang wanderte er herum und sammelte den Müll auf, den seine Fans hinterlassen hatten. Dazu sagte er:

Drei Stunden Abfallsammeln tut meiner Seele gut. Von Natur aus bin ich nicht demütig. Wenn ich mich also zwingen muss, mich einer Situation auszusetzen, die für mich erniedrigend ist, dann ist das in Ordnung. Ich tue das, weil mich das davon abhält, zu Fall zu kommen. Ich folge Jesus nach und sehe, wie er anderen die Füße wäscht. Wenn ich nicht anderen diene, diene ich nur meinem Ego. Darum tue ich das.[2]

Selbst wenn Sie kein Hochseilartist sind, kommt Hochmut vor dem Fall (siehe Sprüche 16,18).

Und wie sieht das absolute Gegenteil aus, die ultimative Antwort auf das Problem des Hochmuts? Das zeigt uns Jesus in Philipper 2.

> Obwohl er Gott war, bestand er nicht auf seinen göttlichen Rechten. Er verzichtete auf alles; er nahm die niedrige Stellung eines Dieners an und wurde als Mensch geboren und als solcher erkannt. Er erniedrigte sich selbst und war gehorsam bis zum Tod, indem er wie ein Verbrecher am Kreuz starb. (Vers 6-8)

Das ist das Meisterwerk der Demut. Er erniedrigte sich selbst. Er verzichtete auf alles. Er war seinem Wesen nach Gott, klammerte sich jedoch nicht an dieser Stellung fest und bestand nicht auf seinem Recht.

Wieder taucht dieses Thema auf: sich selbst erniedrigen. Es zu schaffen, demütig zu werden. Aber wie? Wie kann das aussehen? Wie können wir uns selbst erniedrigen, ohne auf unsere Demut stolz zu werden und damit alles wieder kaputt zu machen?

Ich kann Ihnen nur einige Gedanken anbieten, die ich persönlich hilfreich finde. Mit Sicherheit fallen Ihnen auch noch andere Vorschläge ein, doch hier einige Ideen, die mir geholfen haben, meine Grenzen zu erreichen, sodass ich am Ende war.

Um mich zu erniedrigen, bekenne ich freiwillig meine Sünde.

Wenn ich bekenne, weil man mich ertappt hat, werde ich erniedrigt – aber ich erniedrige mich nicht selbst. Wenn ich bekenne, weil man mich auf eine Verfehlung anspricht, werde ich erniedrigt – aber ich erniedrige mich nicht selbst. Ein Bekenntnis aus freien Stücken bedeutet, mich selbst zu erniedrigen, und Gott erhöht alle, die das tun.

Das hat er versprochen. Die Alternative dazu besteht darin, eine falsche Fassade aufzubauen. Dann kann ich mich im besten Licht darstellen und mich erhöhen. Auch dazu gibt es ein Versprechen: Ich werde erniedrigt werden. Warum also nicht mutig vorwärtsgehen und selbst die Initiative ergreifen?

Um mich zu erniedrigen, gebe ich reichlich und anonym.
Wenn ich anonym spende, kann mir niemand dafür danken oder mich loben, sodass ich demütig bleibe. Wenn ich reichlich gebe, ich also ein Opfer bringe und mich die Gabe wirklich etwas kostet, bringe ich damit zum Ausdruck, dass mir das Reich Gottes wichtiger ist als ich selbst. Es erinnert mich daran, dass ich nicht die wichtigste Person in meinem Leben bin.

Um mich zu erniedrigen, behandle ich andere Menschen besser als mich.
In Philipper 2,3 schreibt Paulus: „Seid bescheiden und achtet die anderen höher als euch selbst." Das ist die moderne Maxime ins Gegenteil gekehrt. Man bringt uns bei, selbstbewusst zu sein, sich anzustrengen, die Nummer Eins zu sein. Doch was würde geschehen, wenn ich den anderen höher achte als mich selbst? Vielleicht würde ich meinen Freund das Restaurant aussuchen lassen. Vielleicht würde ich meinem Ehepartner aufmerksamer zuhören. Vielleicht würde ich mich nicht beschweren, wenn ein Angehöriger mich um Hilfe bittet. Vielleicht würde ich nicht um den Beifahrersitz vorne im Auto kämpfen, um das größte Stück Fleisch oder die meiste Anerkennung. Wenn ich mich erniedrigen will, suche ich mir jemanden, den die meisten Menschen in der Hackordnung unter mir einordnen würden – und drehe diese Ordnung dann um.

Um mich zu erniedrigen, bitte ich um Hilfe.
Es ist erniedrigend, wenn ich jemandem sage: „Ich habe mich hier ganz schön reingeritten", oder „Ich weiß nicht mehr, was ich tun soll.

Ich brauche Hilfe." Besonders Männer finden so etwas schwierig. Sogar Betriebsanleitungen lesen wir nur ungern, und kaum jemals fragen wir jemanden nach dem Weg. Doch jedes Mal, wenn ich mich erniedrige und um Hilfe bitte, öffnet mir das eine Tür, hinter der Segen auf mich wartet. Diese Erfahrung habe ich gemacht.

Sie können meine Vorschläge bestimmt noch erweitern. Seien Sie kreativ. Vergessen Sie nicht: Sich selbst zu erniedrigen bedeutet nicht, sich mit einer Geißel zu schlagen oder zu glauben, man müsse schlecht behandelt werden. Wo haben Sie die Möglichkeit, sich zu erniedrigen? Bevor Sie das nächste Kapitel aufschlagen, nehmen Sie sich Zeit, um in einigen Punkten zu notieren, wo Sie damit anfangen können. Legen Sie den Zettel dort ab, wo Sie ihn im Blick haben und daran erinnert werden.

Doch jedes Mal, wenn ich mich erniedrige und um Hilfe bitte, öffnet mir das eine Tür, hinter der Segen auf mich wartet.

Zweifellos gibt es eine Fülle von Strategien, um sich selbst zu erniedrigen, die erst noch entdeckt werden müssen, weil sich nur wenige Menschen damit befassen. Wo man auch hinschaut, praktisch jede Situation ist ein Experimentierfeld für die Selbsterniedrigung und bietet die Chance, Christus zu erhöhen und meinen Hochmut an Kreuz zu schlagen. So können Sie kühn (oder demütig) in Galaxien vordringen, die noch nie ein Mensch zuvor gesehen hat.

Kapitel 4

Authentisch leben

Als mein Großvater starb, fuhr ich zur Beerdigung nach Hause. Ich nahm eine gute Anzughose mit, die ich aber noch reinigen lassen musste. Beim Herumfahren entdeckte ich eine Ein-Stunden-Reinigung. Das klang wunderbar, denn ich brauchte die Hose noch am selben Abend.

Also betrat ich, die Hose auf einem Bügel, die Reinigung und lächelte die Frau hinter dem Tresen an. „Ich komme von außerhalb, und ich bin wirklich froh, dass ich Sie gefunden habe", sagte ich. „Eine Stunde brauchen Sie, stimmt's?"

„Ja, stimmt."

„Nur damit wir uns richtig verstehen, Sie können diese Hose reinigen, oder?"

„Natürlich. Genau richtig."

„Ich kann sie dann also gleich hier lassen. In der Zwischenzeit mache ich dann einige Besorgungen und hole sie dann in einer Stunde wieder ab, richtig?"

„Nein, mein Herr", entgegnete sie und blinzelte, als hätte ich etwas Eigenartiges gesagt. „Aber Sie können sie morgen abholen."

„Äh, aber auf dem Schild da draußen steht ‚Ein-Stunden-Reinigung'." Ich zeigte durchs Fenster, um meine Beobachtung zu untermauern.

Einige Male ließ sie ihren Kaugummi im Mund herumrollen und meinte schließlich: „Ja schon, aber Kleidung reinigen wir nicht in einer Stunde."

„Sollten Sie sich dann nicht besser als ‚Morgen-ist-alles-fertig-Reinigung' bezeichnen? Oder als ‚Es-ist-fertig-wenn-es-fertig-ist-Reinigung'?"

Immer noch kaute sie auf ihrem Kaugummi herum und blinzelte

mich an. Offenbar war ich der erste Kunde, der solch eine Bitte an sie richtete. Jemand wollte seine Kleidung tatsächlich nach einer Stunde von der Ein-Stunden-Reinigung abholen? Was würden sie wohl als Nächstes verlangen?

Ich versuchte das Thema mit ihr auszudiskutieren, immer höflich, aus verschiedenen Blickwinkeln und in der Hoffnung, wir könnten gemeinsam über den ironischen Aspekt lachen. Aber ihr fiel an dieser Situation nichts Bemerkenswertes auf. Mir lag die Bemerkung auf der Zunge: „Ich glaube nicht, dass diese Worte das bedeuten, was sie Ihrer Meinung nach bedeuten." Das war meine Heimatstadt. Vielleicht war ich zu lange weg gewesen und die Sprache hatte sich in dieser Gegend so weiterentwickelt, dass ich sie nicht mehr verstand.

Vielleicht war es auch nur irreführende Werbung. Es gefällt niemandem, wenn jemand für eine Sache wirbt und eine andere liefert – ob das nun im Geschäftsleben oder anderswo ist. Was wir außen sehen, sollte uns einen wahrheitsgemäßen Eindruck von dem vermitteln, was uns drinnen erwartet.

Wenn wir dieses Prinzip auf uns selbst anwenden, sieht es allerdings ein wenig anders aus. Über eine Firma zu reden, die mit falschen Behauptungen wirbt, ist eine Sache. Eine völlig andere Sache ist es, in den Spiegel zu schauen und sich zu fragen, ob wir der Welt da draußen wirklich genau zeigen, wer wir sind.

Authentisch zu leben, fällt uns nicht leicht, weil wir befürchten, abgelehnt zu werden. Wir wollen, dass die Welt uns von unserer besten Seite sieht, denn dann akzeptieren uns andere Menschen eher, ja bewundern uns vielleicht sogar.

Authentisch zu leben, fällt uns nicht leicht, weil wir befürchten, abgelehnt zu werden.

Vielleicht müssen wir uns gar nicht so sehr bemühen, unsere Makel zu überspielen. Vielleicht mögen uns andere so, wie wir sind. Es ist sogar denkbar, dass sie sich noch *mehr* zu uns hingezogen fühlen, weil sie von unseren Fehlern und Problemen wissen. Vielleicht sagen sie: „Ich bin auch so. Ich habe mit denselben Problemen zu kämpfen. Es ist gut zu wissen, dass wir schon zu zweit sind."

Doch dieses Risiko wollen wir nicht eingehen. Furcht ist der Feind der Transparenz. Wir mögen unsere Fehler nicht und erwarten auch nicht, dass sie anderen gefallen. Also arbeiten wir hart daran, eine möglichst ansprechende Fassade aufzubauen.

Dann kommt uns wieder die Bergpredigt in den Sinn. Bevor wir die Seligpreisungen hinter uns lassen, wollen wir noch eines dieser auf den Kopf gestellten Worte betrachten.

Jesus sagt uns, dass das Reich Gottes den Menschen ganz unten den Vorzug gibt, denen, die die Letzten und nicht die Ersten sind, den geistlich Armen, nicht den Arroganten und Mächtigen, den Sanften und Freundlichen, nicht den Drängenden und Fordernden.

In dieser Predigt hat Jesus uns eine Menge über den Unterschied zwischen innen und außen zu sagen. Für Gott zählt das Innere, so sagt uns Jesus. Dort geschieht das Entscheidende.

Menschen verwenden viel Zeit darauf, an ihrer Fassade zu arbeiten, damit alle es sehen, Gott aber sieht in uns hinein und entdeckt unsere wahren Absichten.

Jesus formuliert das so:

Gott segnet die, die ein reines Herz haben, denn sie werden Gott sehen.
(Matthäus 5,8)

Die ein reines Herz haben. Darüber muss man erst einmal nachdenken, oder? Es bedeutet, dass man gesegnet wird, wenn man aufhört, die Werbetrommel für sich zu rühren und sich vor anderen besser darstellt, als man wirklich ist. Wenn innen und außen übereinstimmen, hat man ein reines Herz, so wie es Gottes Willen entspricht.

An meine Grenzen zu stoßen bedeutet, dass ich kein Theater mehr spielen muss. An meine Grenzen zu stoßen bedeutet, dass ich nicht mehr daran interessiert bin, etwas vorzuschützen. Denn ich habe verstanden, dass Gott mein wirkliches Ich sehen möchte.

Rein und unverfälscht.

Was bedeutet es, ein reines Herz zu haben?

Als Jesus das Wort *rein* aussprach, horchten seine Zuhörer auf. Wenn es einen Begriff gab, der die Bedeutung der Religion in dieser Kultur auf den Punkt brachte, dann das Wort *Reinheit*. Rein zu sein bedeutete, sauber und nicht von falschen Dingen infiziert zu sein. Die Pharisäer und auch andere führende Persönlichkeiten der religiösen Welt definierten Reinheit jedoch praktisch nur anhand von Äußerlichkeiten. Bei ihnen ging es darum, eine Unzahl an Regeln zu befolgen. Bestimmte Nahrungsmittel darf man nicht essen, wie jeder seit der Entstehungszeit Israels wusste, als Gott Mose die Gesetze gab. „Unreines" Essen machte einen Menschen unrein.

Diese Regel galt schon seit langer Zeit. Aber man aß auch nicht zusammen mit „unreinen" Menschen. Damit waren Nichtjuden gemeint. Auch das machte unrein. Jesus aber tat das andauernd.

Die Pharisäer gaben sich unglaubliche Mühe, anderen zu zeigen, dass sie rein waren, und sie gaben sich auch unglaubliche Mühe, dass die anderen ihnen nacheiferten. Doch Jesus stellte das gesamte Konzept von rein und unrein in Frage. In Matthäus 23,25 kritisiert Jesus, dass die Pharisäer „das Äußere des Bechers und der Schüssel" (ELB) reinigen, sie innen jedoch verdreckt sind. Dann – und man ahnt schon, dass er sich damit keine Freunde machte – verglich er die führenden Männer der Religion mit „weiß getünchten Gräbern", die nach außen hin sauber und strahlend wirkten, während man innen Tod und Verwesung fand (Vers 27).

Harte Worte, doch sie zeigten, in welchem Lebensbereich es Jesus am wichtigsten war, rein und sauber zu sein. Fassadenfarbe, mit der man die Außenwände anstreicht, ist ja gut und schön, doch was zählt, sind die inneren Werte. Das ist wichtiger Teil der Botschaft Jesu, die unsere Vorstellungen auf den Kopf stellt und von innen nach außen wirkt: Gott interessiert sich nicht so sehr für unser Äußeres, denn hier können wir ganz leicht etwas vorschützen. Er sieht unser Herz an, wo wir so sind, wie wir wirklich sind.

Jesus greift also den wohlbekannten Begriff *rein* in seiner Predigt auf und gibt ihm eine dramatische neue Wendung. Niemand soll sich mehr Gedanken um Äußerlichkeiten machen. Stattdessen sollen wir begreifen, dass Gott unser Inneres sieht. Es geht um die Reinheit des Herzens, nicht um den schönen Schein.

Im Begriff Reinheit stecken zwei Aspekte. Zum einen bedeutet er *unverfälscht*: Es stecken keine minderwertigen Inhaltsstoffe drin.

Als ich noch zur Grundschule ging, spielten wir gerne ein Spiel mit den Kindern aus unserer Straße. Wir durchforsteten die Speisekammer und suchten nach allem Möglichen, das man in der Küchenmaschine zerkleinern konnte. Zum Beispiel nahmen wir Eier, Erdnussbutter, Ketchup, Senf, Hüttenkäse, einfach alles, was uns in die Hände fiel. Überraschenderweise hatte meine Mutter nichts dagegen, solange wir uns an die folgenden Regeln hielten:

1. Alles, was in der Küchenmaschine landete, musste essbar sein. Kein Dreck, keine Steine, kein Metall. Dinge wie Rasiercreme fielen in eine Grauzone.

2. Wir mussten einen Löffel von unserer Spezialmischung essen. Darum verlor das Spiel nach kurzer Zeit auch seinen Reiz. Was dabei herauskam, sah furchtbar aus und roch aus so, und es schmeckte noch widerlicher.

Manchmal frage ich mich, ob mein Herz diesem Spiel mit der Küchenmaschine ähnelt. Es ist gewiss nicht rein und unverfälscht. Wie sieht es bei Ihnen aus? Welche Zutaten machen Ihr Leben aus?

Das Neue Testament hat uns eine Menge über das zu sagen, was wir in uns aufnehmen: „Konzentriert euch auf das, was wahr und anständig und gerecht ist. Denkt über das nach, was rein und liebenswert und bewunderungswürdig ist, über Dinge, die Auszeichnung und Lob verdienen" (Philipper 4,8). Wenn man die richtigen Zutaten nimmt und die anderen meidet, wird daraus ein Rezept, das Gott gefällt. In Sprüche 11,20 heißt es: „Der Herr verabscheut Menschen mit falschem Herzen, doch er hat Freude an Menschen, die ein rechtschaffenes Leben führen."

Aufrichtig

Man könnte auch den Begriff *aufrichtig* gebrauchen, um ein reines Herz zu beschreiben.

Wenn Jesus über ein reines Herz spricht, meint er damit auch ein ehrliches Herz ohne hässliche, kleine versteckte Winkel.

In Matthäus 5 – das haben wir ja bereits behandelt – beginnt Jesus sein öffentliches Wirken mit den sogenannten Seligpreisungen. Er beendet sein öffentliches Wirken in Matthäus 23 mit den Weherufen. Hier finden wir auch den bereits erwähnten Hinweis auf die äußerlich sauberen Trinkgefäße und die weiß getünchten Gräber. Bald wird Jesus verhaftet werden, und er weiß, dass ihm nicht mehr viel Zeit auf dieser Erde bleibt. Er predigt im Tempel und hat die Pharisäer und ihre Heuchelei im Blick, wenn er sagt: „Alles, was sie tun, tun sie nur nach außen hin" (Vers 5). Heuchelei ist das Gegenteil von Aufrichtigkeit.

Jesus zitiert auch Jesaja, der von den Heuchlern sagt: „Diese Menschen ehren mich mit ihren Worten, aber nicht mit ihrem Herzen" (Matthäus 15,3).

Jesus sagt uns, dass Gott das Beste für die Menschen bereithält, deren Herz rein, unverfälscht und aufrichtig ist.

Das ist wichtig. Jesus beginnt sein öffentliches Wirken mit den Worten: „Glückselig, die reinen Herzens sind" (ELB). Er beendet sein öffentliches Wirken mit den Worten: „Wehe euch, … Heuchler!" (ELB). Das Wort *wehe* ist hier natürlich als Gegenteil zu glückselig zu verstehen. Jesus sagt uns, dass Gott das Beste für die Menschen bereithält, deren Herz rein, unverfälscht und aufrichtig ist; das Schlimmste erwartet die, die das Spiel mit der Küchenmaschine mitmachen.

Was wir uns verdienen

Über Reinheit sagt Jesus noch mehr:

> Nehmt euch in Acht! Wenn ihr Gutes tut, dann tut es nicht
> öffentlich, nur damit ihr bewundert werdet. In diesem Fall
> dürft ihr nicht erwarten, von eurem Vater im Himmel belohnt
> zu werden.
> (Matthäus 6,1)

Im Reich Gottes kommt es entscheidend auf das Publikum an. Wenn ich mir die meisten Gedanken darum mache, was die anderen von mir denken, sind ihr Applaus und ihre Aufmerksamkeit mein Lohn. Wenn sie mir sagen, was ich für ein wunderbarer Mensch bin, ist das mein Lohn. Ich habe alles bekommen, was mir zusteht, und von Gott kann ich deshalb nichts mehr erwarten.

Doch an meine Grenzen zu stoßen, bedeutet, dass ich nichts mehr mit dieser hohlen und leeren Farce zu tun haben will. Ich will nur noch Gott gefallen – von ihm empfange ich meinen Lohn, nicht von Menschen. Wenn wir das öffentliche Theater verriegeln, den Vorhang fallen lassen, die Scheinwerfer ausschalten und Gott unser einziger Zuschauer ist, wenn wir uns nicht um die Kritiker und ihre Rezensionen oder die Meinung anderer Leute scheren, dann sind wir wirklich an unsere Grenzen gestoßen und erfahren den Segen Gottes.

Als Kind ging ich jede Woche zur Sonntagsschule. Ich kann mich noch erinnern, dass in unserem Gruppenraum eine Tafel mit Aufklebern hing, die dem Lehrer erlaubte, alle Parameter für hervorragende Leistungen in der Sonntagsschule festzuhalten. Man bekam zum Beispiel einen Aufkleber für Anwesenheit. Einen zweiten, wenn man eine Bibel mitbrachte, noch einen, wenn man einen Umschlag für die Kollekte dabeihatte. Wenn man noch einen Freund mitbrachte, war das einen Extraaufkleber wert.

Es war nur ein kleiner Klebestern. Ich konnte mir dafür keine Süßigkeiten kaufen, es gab keine Preise, überhaupt gar nichts abgesehen von der Anerkennung, die die Sterne signalisierten. Trotzdem motivierte es mich, die Aufkleber auf meiner Tafel zu sehen. Menschen sind von Natur aus wettbewerbsorientiert, und wenn regelmäßig die Platzierungen notiert werden, wollen wir gewinnen. Das liegt in unserer Natur.

Ich kann mich noch daran erinnern, dass ich diese Sterne unbedingt bekommen wollte und allmählich meinen Glauben danach definierte, ob ich die Bibel in der Hand hatte und der Umschlag mit dem Kollektengeld aus den Seiten herausragte. Wenn ich nicht zur Sonntagsschule kam, ließ ich mir damit eine ganze Reihe von Sternen entgehen. Das war also eine effektive Strategie, uns gute Gewohnheiten beizubringen. Ein Problem entsteht jedoch, wenn wir aus einer Gewohnheit eine Philosophie machen und mit der Zeit die Meinung vertreten, unser Glauben würde durch das definiert, was wir tun, auch wenn das Herz nicht bei der Sache ist.

Selbst als Erwachsene schauen wir uns andere Leute an und verteilen im Geist Aufkleber – oder auch nicht. Der Mann dort drüben hat vielleicht eine alte Bibel aus Kindertagen mitgebracht, nicht die trendige neue Übersetzung mit dem geprägten Cover. Dafür gibt es einen Stern Abzug. Die Frau da hinten geht einmal die Woche zum Hauskreis, dafür bekommt sie einen Extrastern. Wir bewerten andere nach ihrem Äußeren.

Jesus kritisierte die religiösen Führer, weil sie nur Wert auf den äußeren Schein legten. „Alles, was sie tun, tun sie nur nach außen hin" (Matthäus 23,5). Jesus hatte eine Menge dazu zu sagen, wie die Pharisäer eine Show abzogen, wenn sie beteten und fasteten. Sie malten sich das Gesicht an, streuten Asche über ihr Haupt und sorgten dafür, dass auch wirklich jedermann mitbekam, wie sehr sie die Regeln befolgten. Es muss ein merkwürdiger Anblick gewesen sein, wenn diese Männer ihre religiöse Show auf der Straße abzogen. Aber ich frage mich, ob wir nicht dasselbe tun.

Wenn wir im Restaurant die Augen schließen und die Hände falten, um ein Tischgebet zu sprechen, wie rein und unverfälscht ist dann unser Herz? Haben wir dabei wirklich nur Gott im Sinn und danken ihm, dass er für uns sorgt, oder denken wir dabei daran, wie wir auf andere wirken?

Wenn wir uns für ein ehrenamtliches Projekt in der Gemeinde melden, wollen wir dabei Gott gefallen oder machen wir uns Gedanken darum, wer uns sieht und von unserem Einsatz beeindruckt sein könnte?

Fragen wir uns manchmal, wer uns beobachtet, wenn der Klingelbeutel durch die Reihen geht?

Wenn wir im Gottesdienst laut beten, richten wir unsere Worte dann an Gott oder in Wirklichkeit an die anderen Gottesdienstbesucher?

#GuckHer

Im letzten Kapitel erwähnte ich, dass die sozialen Netzwerke unsere Neigung verstärken können, zu sehr auf die Meinung anderer Menschen zu achten. Ich möchte diesem Gedanken noch weiter nachgehen, doch zunächst will ich deutlich sagen, dass ich nicht gegen soziale Netzwerke bin. Meiner Meinung nach kann man sie für manche Zwecke sehr gut einsetzen, aber andererseits habe ich auch andere Beobachtungen gemacht. In den sozialen Netzwerken geht es darum, die Kontrolle über mein Erscheinungsbild zu behalten. Ich glaube, dass man Facebook, Twitter und andere Netzwerke sehr gut für das Reich Gottes einsetzen kann, doch wir müssen über diese Netzwerke nachdenken und dafür beten, weil es uns wirklich darin bestärkt, die Meinung anderer Menschen zu wichtig zu nehmen.

Nehmen wir einmal an, Sie fahren mit Ihrer Familie in den Urlaub. Bestimmte Dinge posten Sie, andere nicht. Die glückliche Familie am

Strand?* Ja, das wird ins Internet gestellt. Und der Streit im Auto auf dem Weg zum Strand? Der erscheint nie auf Instagram.

Sie haben mit Ihrem Partner einen schönen Abend verbracht und posten ein Foto, wie Sie sich liebevoll in die Augen schauen, garniert mit der Bemerkung, dass Sie ihn eigentlich gar nicht verdient haben.

Aber das Bild vom Montagmorgen postet niemand: zwei schlecht gelaunte Leute – sie in Lockenwicklern, er mit Schnittwunden, die er beim Rasieren davongetragen hat –, die sich anschnauzen und etwas Abstand zum anderen brauchen.

So viele Menschen, die sich hinter den idyllischen Internet-Profilen verbergen, brauchen eher unser Gebet als innige Liebesbezeugungen: für die Rechnungen, die sie nicht bezahlen können, für Konflikte, die sie nicht entschärfen können, für Familienmitglieder, um die sie sich Sorgen machen. Wir wollen ja gar nicht unehrlich sein. Wir sind einfach positiv eingestellt und wollen etwas aus unserem Privat- und Berufsleben erzählen. Aber das Smartphone-Display oder der Computermonitor verleiten uns offenbar zum Leistungsdenken, und Transparenz nehmen wir dann nicht mehr so wichtig.

Früher waren Weihnachtsrundbriefe ein beliebtes Instrument, um sich von der besten Seite darzustellen. „Hier ein Bild von unserer glücklichen, lachenden Familie und ein Bericht darüber, was wir in diesem Jahr Unglaubliches vollbracht haben – geschrieben aus dem Blickwinkel unseres süßen Welpen!"

Solche Briefe werden immer noch verschickt, doch heute verschiebt sich das Gewicht immer mehr auf die sozialen Netzwerke, wo man diese Art von Selbstbeweihräucherung nicht nur zur Weihnachtszeit, sondern das ganze Jahr über findet. Wenn wir unsere ganze Energie in Twitter-Botschaften stecken, ändert das auch unseren Blick darauf, was wirklich zählt. Wir verwenden einen Großteil unserer Zeit darauf, der Welt unsere Rechtschaffenheit zu demonstrieren.

Ich glaube, den Pharisäern wären auf Twitter unglaublich viele

---

* In Bermudas und weißem T-Shirt? Das habe ich vermutet.

Menschen gefolgt. Die Leute hätten sie beim Fasten angefeuert, und sie hätten darauf hingewiesen, dass sie jetzt schon seit fünftausend Tagen das Gesetz des Mose nicht gebrochen haben. „Ihr seid klasse", würden die Leute dann kommentieren. „Toll, wie ihr es den Aussätzigen gezeigt habt. Ich wünschte, ich wäre dabeigewesen."

Ein anderer Pharisäer hätte vielleicht gepostet: „Hier mein Liveblog, wie ich klage und jammere. Bitte vergesst nicht, euren Kommentar zu hinterlassen." Und andere würden ihm zujubeln und ihn anfeuern, was natürlich im Fall von Klagen und Jammern kontraproduktiv ist.

Jesus beruft uns, ein Leben zu leben, und das authentisch und transparent. Das bezeichnet er als Reinheit des Herzens, und er belohnt uns dafür mit seinem reichen und erfüllenden Segen in unserem Leben.

Neulich sah ich ein T-Shirt mit einem Spruch, der mir gefiel. Er lautete: „Möge dein Leben eines Tages so wunderbar sein, wie du es auf Facebook aussehen lässt." Wie wichtig ist uns unser Erscheinungsbild in den sozialen Netzwerken? Und was sagt uns das über die Reinheit unseres Herzens?

Vielleicht ist es gut, wenn damit der Prozess beschleunigt und der Leistungsdruck so stark wird, dass wir schneller ausbrennen und an unsere Grenzen stoßen. Es strengt uns an, wenn wir eine Rolle spielen. Bevor es noch soziale Netzwerke gab, merkte John Stott an:

Doch wie wenige von uns leben dieses integere, authentische, transparente Leben! Wir stehen in der Gefahr, für jede Situation die passende Maske aufzusetzen. Das ist nicht Wirklichkeit, sondern Schauspielerei – das Wesen der Heuchelei. Manche Menschen weben um sich herum ein solches Netz von Lügen, dass sie gar nicht mehr sagen können, was davon echt und was Täuschung ist.[1]

Jesus beruft uns, *ein* Leben zu leben, und das authentisch und transparent. Das bezeichnet er als Reinheit des Herzens, und er belohnt uns dafür mit seinem reichen und erfüllenden Segen in unserem Leben.

Glaube und Mode

Ein Heuchler ist das Gegenteil von einem Menschen mit reinem Herzen. Jesus wollte, dass die Menschen, die zu ihm gehören, durch ihr Leben die Macht und Gnade Gottes demonstrieren, doch die führenden Männer in Sachen Religion machten daraus eine billige Theaterproduktion, die die Aufmerksamkeit auf die Schauspieler lenkte.

Die religiösen Führer beurteilten das Innere nach dem Äußeren. Wenn man sich an die Regeln hielt, bedeutete das, dass man gottesfürchtig war und ihren Test bestanden hatte. Sie maßen den Glauben sogar anhand der Kleidung. Hören Sie einmal auf Jesus:

> Alles, was sie tun, tun sie nur nach außen hin. Am Arm tragen sie besonders große Gebetsriemen, und sie haben extra lange Fransen an ihren Gewändern.
> (Matthäus 23,5)

Bei den Gebetsriemen handelte es sich um kleine Kästchen aus Leder, die kleine Pergamente mit Bibelworten enthielten. Sie waren als Reaktion auf alttestamentliche Verse in 5. Mose entstanden, wo es heißt, dass man sich Gottes Wort um Arm und Stirn binden solle. Die eigentliche Bedeutung ist natürlich, dass wir das Wort in unser Herz aufnehmen sollen, damit wir es immer bei uns haben, wohin wir auch gehen.

Doch die führenden Männer der Religion kamen zu dem Schluss, dass diese Aufforderung wörtlich gemeint war. Also trugen sie zwei schwarze Kästchen, eins auf der Stirn, das andere am linken Arm. Sobald sich diese Praxis erst einmal eingebürgert hatte, kam, wie Sie sich vorstellen können, der Trend zu immer größeren Kästchen auf, die immer größere Frömmigkeit signalisierten. Etwa in der Art: „Schau dir mal diesen frommen und rechtschaffenen Pharisäer an – der hat einen richtig großen Kasten auf der Stirn."

Dann kamen die Fransen am Gewand. Im Alten Testament wurden Gewänder mit violetten Kordeln erwähnt. Auch hier kamen die Pharisäer zu dem Schluss: je breiter die Kordeln, umso stärker der Eindruck, den man damit hinterließ.

Bei den Pharisäern ging es immer um den äußeren Schein. Hätte es damals schon Neonlicht gegeben, hätten sie das wohl in ihre Kleidung eingearbeitet – vielleicht blinkende Pfeile mit dem Schriftzug: „Gott mag diesen Mann besonders!"

Manche Leute glauben immer noch, dass Gott auf Sonntagskleidung Wert legt, wenn wir zum Gottesdienst gehen. „Ich ziehe mich für Gott besonders gut an", sagen sie dann. Das ist ja auch nicht falsch – solange wir wirklich nicht im Sinn haben, andere mit einem neuen Anzug oder einem neuen Kleid zu beeindrucken, und solange wir uns an diesen Vers erinnern: „Der Mensch urteilt nach dem, was er sieht, doch der Herr sieht ins Herz" (1. Samuel 16,7).

Er will, dass wir im Gottesdienst, in unseren Beziehungen, überhaupt in jedem Lebensbereich aufrichtig, ehrlich und transparent sind. Wehe euch, sagt Jesus, wenn ihr vom äußeren Erscheinungsbild darauf schließt, wie ihr bei Gott angesehen seid. Wehe euch, wenn ihr den Glauben eines anderen Menschen nach eurem persönlichen Stilempfinden beurteilt. Wehe euch, wenn ihr den Weg des Glaubens zu einem Schaulaufen auf dem roten Teppich macht. Und wehe euch, wenn ihr mehr Zeit damit verbringt, euch für den Gottesdienstbesuch aufzubrezeln, als damit, zu beten und Gott besser kennenzulernen.

Ich bin oft geflogen, aber nur einmal in der ersten Klasse. Und das war genau einmal zu viel. Wenn man einmal hinter dem Vorhang Platz nehmen durfte, in der Flugzeugversion des Allerheiligsten, hat die Touristenklasse jeden Reiz verloren.

Das geschah auf einem überbuchten Flug. Einige von uns wurden in die erste Klasse geleitet, damit alle Platz fanden. Mir gefiel das, um es vorsichtig auszudrücken. Als die breite Masse vorbeizog, um ihren Platz in der Touristenklasse einzunehmen, versuchte ich, ihnen mitleidige Blicke zuzuwerfen. Ich selbst hatte so etwas in der Vergangenheit oft genug erlebt. Eigentlich hätte ich noch einen Blick in meine Notizen werfen sollen, um mich auf den Vortrag am Abend vorzubereiten. Stattdessen schaute ich mich lieber um, um herauszufinden, wer von meinen Mitreisenden eigentlich nicht in die erste Klasse gehörte.

Ehrlich gesagt war ich der Meinung, dass die meisten von denen, die hier saßen, in dieser elitären Gruppe fehl am Platz waren. Ein Mann hatte einen Ohrring, lange Haare und Tätowierungen. Ich fand das respektlos. Als sich ein anderer Mann irgendwann die Schuhe auszog, sah ich, dass seine Socke ein Loch hatte. Darüber konnte ich nur den Kopf schütteln. Über die Frau ohne Tischmanieren will ich kein Wort verlieren. Sie lehnte sogar ein Glas ab und wollte lieber aus der Dose trinken. Vier von fünf Leuten hatten einfach keine Klasse. Wir haben da schon unsere Maßstäbe.

Wenn wir uns zu viele Gedanken um das äußere Erscheinungsbild machen, bleibt das nicht ohne Wirkung. Vor einigen Jahren begegnete ich in Louisville einem alten Freund bei einer Veranstaltung. Wir unterhielten uns auf dem Gang. Er hatte ganz schön langes Haar* und wirkte, um die Wahrheit zu sagen, etwas wild. Wir waren uns an einem Samstagabend begegnet, und am nächsten Morgen in der Gemeinde sprach mich eine ganze Gruppe im Vorraum an. Einer sagte: „Wir haben dich gestern gesehen, wie du dich mit diesem Halbstarken unterhalten hast. Wir sind so stolz auf dich, dass du solche Freunde hast, und wir haben für den jungen Mann gebetet."

Einen Augenblick lang wusste ich überhaupt nicht, wovon sie redeten. Als ich dann weiterging, begriff ich, dass sie meinen langhaarigen Freund gemeint hatten – und der war Anbetungsleiter unserer Studentengemeinde und ironischerweise auch einer der demütigsten und reinherzigsten Männer, die ich jemals kennengelernt habe. Doch wegen seiner äußeren Erscheinung beteten diese Menschen für seine verlorene Seele.

Der eine oder andere würde vielleicht das Argument vorbringen, dass man mit seiner Kleidung Respekt vor der Tradition zum Aus-

---

* Um Missverständnisse zu vermeiden: Ich sage nicht, dass sein Haar schön aussah. Ich meine nur, dass es noch länger war, als man gemeinhin unter langem Haar versteht.

druck bringt, und das ist wichtig. Schön und gut, aber vergessen Sie nicht, dass Jesus genau das an den Pharisäern kritisierte. Tradition war ihnen wichtiger geworden als Menschen. Nach Gottes Willen sollen unsere Gemeinden ein Krankenhaus für die Verletzten sein, nicht ein Abteil erster Klasse für die Menschen, die schon auf dem Weg zum Himmel sind.

Auswendig gelernt

In Matthäus 6 gibt uns Jesus ein weiteres Beispiel für ein unreines, unaufrichtiges Herz:

> Und nun zum Beten. Wenn ihr betet, seid nicht wie die Heuchler, die mit Vorliebe in aller Öffentlichkeit an den Straßenecken und in den Synagogen beten, wo jeder sie sehen kann. … Wenn du betest, geh an einen Ort, wo du allein bist, schließ die Tür hinter dir und bete in der Stille zu deinem Vater. Dann wird dich dein Vater, der alle Geheimnisse kennt, belohnen.
> (Vers 5-6)

Für viele Juden war das Gebet zu einem leblosen Ritual verkommen. Zum Beispiel sprachen sie jeden Morgen vor neun Uhr und jeden Abend vor einundzwanzig Uhr das Schma Jisrael. Es spielte keine Rolle, wo man sich gerade aufhielt, ob man zu Hause, unterwegs oder auf der Arbeit war. Man ließ alles stehen und liegen und sprach das Schma Jisrael. Wir würden das als gedankenloses Herunterleiern einordnen – man spult ein Ritual ab, ohne innerlich dabei zu sein.

Das zweite Gebet, dass jeder Jude täglich sprechen musste, war das Schemone Esre oder Achtzehnbittengebet. Dieses vorformulierte Gebet musste dreimal täglich gesprochen werden.

Bei den Juden gab es für jede Situation ein besonderes Gebet. Vor den Mahlzeiten wurde ein Gebet gesprochen, bei Neumond, wenn man eine gute Nachricht erhielt, wenn man eine Stadt betrat oder verließ. Je länger das Gebet, umso wirkungsvoller war es – jedenfalls glaubte man das. Das war ein sehr bequemes System, denn alles war vorformuliert. Man brauchte es nur noch nachzusprechen.

Jesus sah die Dinge anders. Wenn wir mit Gott reden, so sagte er, sollen wir uns so geben, wie wir sind, sollen authentisch sein und mit ihm so sprechen wie mit einem geliebten Menschen.

Viele von uns werfen sich beim Beten in Pose. Es fällt uns schwer, wir selbst zu sein. Wenn wir laut vor anderen beten, sind unsere Worte eher für ihre Ohren gedacht als für Gott. Nicht einmal im persönlichen Gebet fällt es uns leicht, ehrlich zu sein. Wir reden mit Gott, als könnte er nur gehobene Amtssprache verstehen, so, als wenn wir mit einer Behörde kommunizieren. Oder wir entscheiden uns für eine pseudobiblische Sprache, die wir aus der Heiligen Schrift oder anderen Gebeten zusammengeklaubt haben. Unser Gebet wird zu einer Theateraufführung, für die wir proben müssen.

Gott möchte einfach, dass wir mit ihm reden. Es geht schlicht und einfach um Kommunikation, und wir müssen uns nicht besonders gewählt ausdrücken. Wir sollen mit ihm reden wie mit unserem besten Freund – wir können einfach wir selbst sein, ehrlich und ungeschminkt, ohne uns Gedanken darüber zu machen, wie unsere Worte klingen.

Haben Sie, wenn jemand anders laut betete, schon einmal gedacht: *Oh, das war aber schön ausgedrückt – diesen Satz übernehme ich in mein Repertoire?* Uns fallen Ausdrücke auf wie zum Beispiel: *Lass deine Gnade walten; Führe und leite uns* oder *Möge dein Segen auf uns ruhen.* Vielleicht glauben wir, dass solche salbungsvollen Ausdrücke uns eine Art von geistlicher Überlegenheit verschaffen. Gottes Sprache ist das aber nicht. Er möchte, dass ich mich nicht verstelle.

Wie wir uns nach außen hin geben, stimmt nicht mit dem überein, wer wir wirklich sind. Und doch bittet er uns um etwas ganz Einfaches. Er lädt uns ein: „Komm, wie du bist. Du musst dir nichts

Besonderes anziehen. Du brauchst keine gewählten Ausdrücke zu gebrauchen. Zieh keine Show ab. Fühl dich bei mir wie zu Hause. Zeig dein wahres Ich. Mein Haus ist dein Haus."

Das Bedürfnis, eine Maske zu tragen, ist so tief in uns verwurzelt, dass es uns von einer authentischen, engen Beziehung mit Jesus abhält, wie er sie sich wünscht. Was wäre denn, wenn Sie mit Ihrem Ehepartner so eine Show abziehen und vorgeben würden, jemand anders zu sein, als Sie eigentlich sind? Eine Ehefrau würde dann glauben, es wäre notwendig, jede Sekunde gut angezogen und geschminkt zu sein. Ein Ehemann würde glauben, dass er seiner Frau etwas vorspielen müsste. Beide würden sich wie bei der ersten Verabredung unterhalten, um den heißen Brei herumreden und Angst haben, das Falsche zu sagen. Solch eine Ehe wäre überaus anstrengend und unbefriedigend. Nach einigen Wochen würde man sich voreinander verstecken.

An der Ehe gefällt uns der entspannte Umgang miteinander und die Intimität zu zweit. Wir geben uns, wie wir sind, wir verbergen unsere Makel nicht, wir sagen alles, was uns auf dem Herzen liegt. Warum können wir mit Gott nicht so umgehen?

An meine Grenzen zu stoßen, bedeutet, dass ich meine Fehler nicht verstecken muss, weil ich weiß, dass Gott mich bedingungslos liebt.

An meine Grenzen zu stoßen, bedeutet, dass ich meine Fehler nicht verstecken muss, weil ich weiß, dass Gott mich bedingungslos liebt. Das führt zu Zufriedenheit und Erfüllung, weil es so viel leichter ist, ein einziger Mensch zu sein und keine zweite Identität zu erschaffen und zu pflegen.

Die Beziehung zu meiner Frau wurde noch intensiver, als ich sie zum ersten Mal ohne Make-up sah, das Haar zu einem Pferdeschwanz gebunden. Ab diesem Zeitpunkt fühlten wir uns miteinander noch wohler. Wir entspannten uns und sprachen aus, was wir dachten. So wurde daraus eine echte Beziehung und nicht nur ein Vorsprechen fürs Theater.

Wenn wir ausgehen, macht es uns immer noch Spaß, uns in Schale zu werfen und irgendwo hinzugehen, wo man richtig gute Manieren braucht. Doch für mich ist meine Frau in Jeans und Sweatshirt am schönsten, das Haar zum Pferdeschwanz, denn dann weiß ich, dass sie wirklich sie selbst und völlig entspannt ist.

Jesus möchte mit Ihnen eine ungeschminkte Beziehung eingehen. Er will, dass Sie reinen Herzens sind – unverfälscht und aufrichtig.

Abgang von der Bühne

In Matthäus 23,3 bezeichnet Jesus die Pharisäer und Schriftgelehrten als Heuchler: „Denn sie handeln nicht nach dem, was sie euch lehren."

Diese Woche schaute ich mir im Internet eine alte Fernsehserie mit dem Titel *Faking It* an. In den einzelnen Folgen geht es immer darum, jemanden zu etwas zu machen, das er eigentlich nicht ist. In einer Folge wurde Patrick Nesbitt vorgestellt, ein Baulöwe aus Los Angeles. Aber er ließ sich einen ganzen Monat auf einer Ranch im Westen zum Cowboy schulen.

Eine andere Teilnehmerin war Lesley Townsend, Einzelgängerin und Bücherwurm. In der Show wandelte sie sich zu einer Cheerleaderin bei Footballspielen. Und David Dougherty war ein Zimmermann aus einer kleinen Stadt im Osten der USA. Bei *Faking It* wurde er zu einem Innenarchitekten in Beverley Hills.

Die Mitspieler übten ihre Rollen ein und maßen sich dann mit Menschen, die den jeweiligen Beruf wirklich gelernt hatten. Eine Jury aus Profis musste dann den Hochstapler ausfindig machen. Wer war der echte Cowboy? Der richtige Innenarchitekt? Ich musste zugeben, dass es mir Spaß machte, den Leuten dabei zuzusehen, wie sie ihr Bestes gaben, um einen falschen Eindruck zu erwecken. Aber mit der Zeit wurde es langweilig, wenn sie sich immer nur anstrengen mussten, um den Schein aufrechtzuerhalten.

Wenn ich mir die Sendungen anschaute, fragte ich mich, wie viele Leute, die ich kenne, so ihr ganzes Leben gestalten. Wie viele mühen sich ab, etwas zu sein, das sie gar nicht sind?

Solch ein Leben ist nicht gesegnet, sondern elend. Wehe denen, die dieses Spiel mitspielen, die versuchen, ihren Ruf zu verbessern, indem sie vorgeben, jemand anders zu sein. Sie werden eines Tages aus purer Erschöpfung zusammenbrechen, und der falsche Schein mit ihnen.

Doch an meine Grenzen zu stoßen, bedeutet, dass ich über mich selbst hinauswachse, damit mein wahres Ich das wahre Leben erfahren kann, das Christus für mich bereithält.

Sie müssen verstehen, dass ich diese Worte ebenso an mich richte wie an Sie. Ich versuche nicht absichtlich, etwas vorzuschützen. Niemand tut das. Aber es passiert so leicht, dass man eine Show abzieht, das eine oder andere ausschmückt, mehr zu sein vorgibt, als es in Wirklichkeit der Fall ist. Alle meine Instinkte sagen mir, dass ich meine Sünde unter den Teppich kehre, ein breites Lächeln aufsetze und den Eindruck erwecke, ich hätte alle Antworten. Doch an meine Grenzen zu stoßen, bedeutet, dass ich über mich selbst hinauswachse, damit mein wahres Ich das wahre Leben erfahren kann, das Christus für mich bereithält.

Saubere Hände, reines Herz

„Doch wenn wir ihm unsere Sünden bekennen, ist er treu und gerecht, dass er uns vergibt und uns von allem Bösen *reinigt*" (1. Johannes 9, Hervorhebung des Autors).

Wenn Sie ein reines Herz haben wollen, dann tun Sie etwas gegen die Unreinheit. Ihr Herz soll nicht zweigeteilt sein. Seien Sie aufrichtig, gegenüber Gott und anderen Menschen, und er verheißt Ihnen, Sie zu reinigen.

In der Bibel gibt es eine besondere Verbindung zwischen sauberen Händen und einem reinen Herzen. In Psalm 24,3-4 lesen wir: „Wer darf den Berg des Herrn besteigen und wer an seinem heiligen Ort stehen? Nur die Menschen, deren Hände und Herzen rein sind, die keine Götzen anbeten und keinen falschen Eid schwören."

Dann lesen wir: „Kommt zu Gott, und Gott wird euch entgegenkommen. Wascht euch die Hände, ihr Sünder; reinigt eure Herzen, ihr Zweifler!" (Jakobus 4,8).

Im Alten Testament war das Händewaschen nicht einfach etwas, das man vor dem Essen erledigte. Es war ein Symbol der rituellen Reinigung. Als Salomo den Tempel zur Ehre Gottes erbaute, ließ er fünf Wasserbecken an der Südseite des Tempels anbringen und fünf an der Nordseite. Bevor jemand den Tempel betrat, wusch er sich hier die Hände, um sich daran zu erinnern, dass er auch seinen Geist reinigte, um sich auf den Gottesdienst vorzubereiten. Wir treten als die Menschen, die wir sind, vor Gott, ohne Masken und ohne Unreinheiten.

Wenn Sie dieses Kapitel zu Ende gelesen haben, möchte ich Ihnen etwas Ungewöhnliches vorgeschlagen. Gehen Sie zum Waschbecken und waschen sich die Hände. Wenn Sie sehen, wie das Wasser zwischen Ihren Fingern hindurchrinnt und kleine Unreinheiten beseitigt, bitten Sie Gott, dass er Ihr Herz reinigt und Ihnen zeigt, wo Sie noch authentischer leben können. Ihren Körper können Sie reinigen und gute Ergebnisse dabei erreichen, doch nur Gott kann Ihr Inneres reinigen.

Wenn unser Herz rein ist, so verheißt uns die Bibel, werden wir einen unglaublichen Segen empfangen: Wir werden Gott sehen. Mein wahres Ich wird sein wahres Wesen sehen. Diese Beziehung gründet weder auf Leistung noch auf falschem Schein, sondern wird ganz echt sein. Ich kann mir keinen größeren Segen vorstellen, als Gott zu sehen. Dafür wurde meine Seele geschaffen: ihn zu kennen und von ihm gekannt zu werden.

Er wird Sie sehen – so wie Sie sind, ohne Vorspiegelung falscher Tatsachen, ohne die von Ihnen gebrachte Leistung – und Sie werden ihn sehen. Können Sie sich ein besseres Angebot vorstellen?

Teil 2
Wo Stärke beginnt

Kapitel 5

Leer, um gefüllt zu werden

Neulich habe ich eine Geschichte über eine alleinerziehende Mutter gelesen, der es wirklich schlecht ging. Wie wir alle wissen, haben alleinerziehende Mütter eine der schwersten und undankbarsten Aufgaben auf dieser Erde. Eine ganze Reihe von ihnen zähle ich zu meinen persönlichen Helden.

Eine Geschichte ging mir besonders nahe. Sie war nicht nur alleinerziehend, sondern auch gerade Witwe geworden. Ihr Mann war gottesfürchtig gewesen, und alle hatten ihn bewundert. Als er starb, hinterließ er seine Frau und zwei Söhne. Außerdem hinterließ er einen Haufen Schulden, aber keine Lebensversicherung.

Die Frau konnte keine Arbeit finden, ihre Söhne waren noch recht jung, und so verarmte sie praktisch über Nacht. Ihre Schulden konnte sie nicht bezahlen, und dort, wo sie lebte, behandelte man Schuldner nicht gut. Geld war bei allen knapp, und deshalb kannte man keine Gnade.

Die Witwe musste damit rechnen, dass man ihre beiden Söhne in die Sklaverei verkaufte, bis die Raten abgezahlt waren. In ihrem Kulturkreis geschah so etwas andauernd.

Sie weinte, bis die Tränen versiegten. Ihr blieb nur noch Verzweiflung. Die verwitwete Mutter war am Ende. Nur eine vielleicht nicht so vielversprechende Idee hatte sie noch. Sie wollte den Prediger besuchen. Schließlich hatte ihr Mann mit ihm zusammengearbeitet. Die Beziehung zwischen ihnen war gut gewesen. Vielleicht würde er ihnen aus alter Verbundenheit helfen, einen Weg aus der finanziellen Notsituation zu finden.

„Ich bin mit meinem Latein am Ende", sagte sie dem Prediger. „Wir haben schon alles verloren, die Jungen sind alles, was ich noch habe. Aber auch die werden bald weg sein, und das Haus auch, wenn ich nicht bald Geld auftreibe. Meine Jungen werden in der Sklaverei sterben, ohne mich noch einmal wiederzusehen, und ich werde in der Gosse landen und betteln – vielleicht wird es sogar noch schlimmer. Du weißt, dass mein Mann den Herrn geliebt und ihm gedient hat. Ihr beiden habt Seite an Seite für ihn gearbeitet. Gott wird sich doch nicht von uns abwenden. Und du?"

Der Prediger beugte sich nach vorn und wischte ihr sanft die Tränen aus dem Gesicht. „Es tut mir leid, was ihr durchmacht", sagte er. „Wie viel Geld hast du noch übrig?"

Verwirrt blickte sie ihn an. Verlangte er jetzt irgendeine Bezahlung? „Nichts – ich habe absolut nichts, wie ich dir schon gesagt habe." Und wieder begann sie zu weinen.

„Nur noch die nackten Wände?"

„Ich habe alles verkauft. Leere Räume mit Erinnerungen darin und sonst nichts. Ich glaube, eine kleine Flasche mit Olivenöl steht noch im Regal. Nutzlos."

Der Prediger, der zufällig Elisa hieß, forderte sie auf, von Tür zu Tür zu gehen und die Nachbarn um leere Krüge zu bitten. Dann sollte sie die Krüge auf den Boden stellen und den Raum verschließen. Und dann sollte sie das Olivenöl nehmen und es in die Krüge gießen.

„Wie soll das denn helfen?", fragte die Witwe.

„Hab nur Glauben", entgegnete er und lächelte.

Einige Stunden später standen viele Krüge auf dem Boden, mit Öl gefüllt. Die Jungen lachten, als sie von Krug zu Krug rannten, und die kleine Flasche wurde einfach nicht leer. Dann floss der letzte Tropfen heraus, gerade als der letzte Krug bis zum Rand gefüllt war. Die drei umarmten sich, weinten vor Freude, hüpften auf und ab.

„Wenn du das Öl verkaufst", sagte Elia, „wird das reichen, um deine Schulden zu bezahlen, und darüber hinaus habt ihr gerade genug zum Leben."

Natürlich hatte er recht.

Was ist in Ihrem Krug?

Diese Geschichte, die man in 2. Könige 4 nachlesen kann, erinnert uns daran, dass Gott leere Gefäße oder andere Dinge gerne füllt – sei es nun ein Krug oder ein gerüttelt Maß an Hoffnung. Krüge sind dazu gemacht, gefüllt zu werden. Sie füllen sich nicht von allein, sondern fangen auf, was man hineingießt.

Mit Ihnen und mit mir sieht es ganz ähnlich aus. Wie viel wir empfangen, hängt unmittelbar davon ab, wie leer wir sind. Jeder Krug ist zunächst leer.

Höchstwahrscheinlich ist mancher, der dieses Kapitel liest, an seine Grenzen gestoßen – dort, wo nur noch Leere herrscht. Wenn Sie zu diesem Kreis gehören, dann haben Sie das nicht so geplant, da bin ich mir ganz sicher. Das Leben bringt es manchmal mit sich, dass wir quasi wie ein Krug ausgeschüttet werden, und das hat nichts mit dem zu tun, was wir uns gewünscht oder erwartet haben. Das Leben nimmt uns einen Menschen, der uns nahesteht. Es nimmt uns unser Haus. Die Arbeit. Es geht sogar unter die Haut und nimmt uns Gesundheit und Hoffnung. Irgendwann kommt der Punkt, an dem wir fast nichts mehr in der Hand halten, und wir klammern uns an dieses bisschen, damit wir es nicht auch noch verlieren.

Wie viel wir empfangen, hängt unmittelbar davon ab, wie leer wir sind.

Wir erleben eine ganze Flut von negativen Gefühlen: Furcht. Verletzlichkeit. Einsamkeit. Wut. Groll. Und letzten Endes die schlimmste Gefühlslage von allen: die Leere selbst. Wir empfinden nichts mehr, wir sind am Ende. Das nennt man Verzweiflung.

Was aber, wenn diese Leere bedeutet, dass Gott uns genau dort hat, wo er uns haben will?

Welche Gefühle würden wir empfinden, wenn wir ein winziges Stück Wahrheit entdeckten? Uns Menschen kann das Wunderbarste überhaupt widerfahren – eine intensive Begegnung mit dem liebevollen himmlischen Vater, der unser Leben auf eine Weise segnen will, die wir uns überhaupt nicht vorstellen können.

Wenn das Leben uns etwas wegnimmt, gibt Gott. Das wohltuende Öl seiner unglaublichen Liebe breitet sich in den schmerzenden Wunden eines zerstörten Lebens aus. Dann beginnt das neue Leben.

Ich vermute auch, dass dort draußen eine Menge Krüge herumstehen, die bis zum Rand gefüllt sind. Wir beweisen das, indem wir auf unsere vollen Terminplaner zeigen. Das Öl des guten Lebens scheint überzufließen, weil das Gute, das das Leben für uns bereithält, uns schon fast zu viel ist. Wir finden, dass alles zum Besten steht. In Amerika sitzen wir zu Thanksgiving am Tisch und tauschen uns darüber aus, wie erfüllt unser Leben ist. Einige Stunden später reden wir darüber, wie voll unser Magen ist. Unser Leben ist erfüllt, und dafür danken wir Gott.

Was aber, wenn diese Fülle teilweise dem entgegensteht, was Gott mit uns vorhat?

Es ist ja nichts Falsches daran, wenn man eine gute Arbeitsstelle hat, eine liebevolle Ehe führt und einen vollen Terminkalender hat. Ich frage mich nur, was von alledem wirklich zählt, was in zehn, zwanzig Jahren noch Bestand hat, wenn die Seiten meines Kalenders alt und fleckig geworden sind. Was haben Gott und ich uns zu sagen?

Ich möchte mit Ihnen den Unterschied zwischen einem vollen und einem gefüllten Krug ergründen.

Jesus füllt die Leere

Gott füllt die Leere, und Jesus führt uns vor Augen, was das bedeutet.

Bei dem ersten Wunder, das Jesus in der Öffentlichkeit tat – zu finden in Johannes 2 –, verwandelte er Wasser in Wein. Es geschah bei einer Hochzeitsfeier, also einem sorgfältig geplanten Fest. Doch die Diener teilen dem Gastgeber mit, dass der Wein ausgeht, und zwar viel zu früh. In diesem Kulturkreis wäre so etwas ein unverzeihlicher gesellschaftlicher Fauxpas.

Die Hochzeiten liefen damals nicht so ab wie bei uns. Eine Hochzeit dauerte sieben Tage, und der Wein musste bis zum Schluss reichen. Wenn er ausging, machte man sich über den Gastgeber lustig. Wieder einmal stehen wir vor leeren Krügen. Jesus fordert die Diener auf, sechs Krüge mit Wasser zu füllen, und dann verwandelt er sie in Wein. Johannes betont, dass das nicht irgendein Wein war, sondern der beste. Der Bräutigam wird dann dafür gelobt, dass er den besten Wein bis zum Schluss aufgehoben hat, was damals nur selten vorkam. Jesus füllt die Leere nicht nur, er füllt sie mit Freude und Überfluss.

In Johannes 4 begegnet Jesus einer Frau am Brunnen. Ihr Leben ist leer. Er erfüllt es.

In Johannes 6 steht er vor einer Menschenmenge mit knurrenden Mägen. Er füllt sie alle.

Zuhause bei Jairus findet er Leere vor, denn die Tochter ist gestorben. Jesus erfüllt das Haus mit Freude, als er sie wieder zum Leben erweckt.

Er rettet eine Frau, die man beim Ehebruch ertappt hat und erfüllt ihr Leben mit einer Hoffnung, die sie zuvor noch nicht gekannt hat.

Jesus füllt die Leere nicht nur, er füllt sie mit Freude und Überfluss.

Wir könnten die Evangelien Seite für Seite durchblättern, und in dem Strudel all der Menschen, Worte und Wunder würden wir entdecken, dass es im Grunde genommen immer nur um eine einzige Geschichte geht: Jesus füllt.

Einige der Gestalten, denen wir dort begegnen, gehen natürlich wieder leer weg. Der reiche Jüngling zum Beispiel hatte wegen seines Reichtums keinen Platz mehr für etwas anderes. Die Pharisäer lauschten dem, was er sagte, doch ihnen waren Gesetze, Rituale und Gedanken so wichtig, dass sie sie nicht aus ihrem Leben verbannen konnten.

Jesus will uns gerne erfüllen. Doch dafür müssen wir Platz schaffen.

Sonntagsessen

In Lukas 14 erzählt Jesus das Gleichnis vom großen Festmahl. Er war gerade im Haus eines Pharisäers zu Gast, um dort zu essen*, und das ist fast immer ein Zeichen, dass es gleich unangenehm wird.

Während des Mahls betritt ein kranker Mann den Raum. Vielleicht leidet er unter Ödemen; er hat zu viel Flüssigkeit im Körper, doch seine Gesundheit ist ein leerer Krug. Natürlich füllt Jesus ihn und heilt den Mann.

Das hätte ein wunderbarer Augenblick sein sollen. Die Leute hätten lachen und vor Freude weinen sollen. Doch wir haben schon gehört, dass man ihn genau beobachtete (Vers 1) – fast, als ob man erwartete, er würde gleich das Tafelsilber stehlen. Auf das Wunder folgt eisiges Schweigen.

Also fragt Jesus die anwesenden Religionsführer, was sie von dieser Heilung halten – Sie wissen schon, weil das am Sabbat passierte und so weiter. Er weiß, was sie denken.

Sie sitzen nur da und starren ihn an. Man hat das Gefühl, die Temperatur im Raum sinkt schlagartig um zehn Grad, aus ihren Ohren kräuselt eine Rauchfahne. Diese Männer hätten den Kranken natürlich aufgefordert, am nächsten Tag wiederzukommen. Gott mag es nämlich nicht, wenn man ihn am Ruhetag stört.

Schon interessant, dass diese Religionsexperten ihre eigenen Vorstellungen nicht hinterfragen, als sie das Wunder sehen, das Jesus tut. Immerhin bringt er einige dramatische Dinge zustande, während sie selbst nur ein Auge darauf haben, wer nicht zu ihrer Gruppe gehört, und sich darauf auch noch etwas einbilden. Sie haben keinen Platz mehr übrig. Sie haben ein Herz aus Stein, in das ihre festgefahrenen Vorstellungen eingemeißelt sind. Mit allem, was sie haben, setzen sie darauf, dass Jesus falsch liegt. Jesus muss also ihr Feind sein, ganz egal, was er lehrt oder wen er heilt.

---

* Wir wissen also, dass sie nicht bei McDonalds waren.

Ich wünschte, ich könnte sagen, dass so etwas nur für die Pharisäer typisch war und wir dieses Problem heute nicht mehr kennen. Aber jeder von uns, der zu einer Gemeinde gehört, weiß, dass das nicht stimmt. Es gibt viele leere Krüge, aber auch Menschen, die gar nicht erwarten, dass sie mit irgendetwas gefüllt werden – zumindest nicht mit den Gaben, die Jesus ihnen schenken will. Viele von ihnen wollen selbst etwas geben. Doch statt Dienst für andere, Liebe und Mitgefühl teilen sie nur Kritik aus. Sie sagen anderen Leuten die Meinung. Sie bereiten anderen Kummer. Menschen kommen aus ganz unterschiedlichen Motiven zu Jesus an den Tisch.

Die Pharisäer saßen mit Jesus zusammen und sahen, wie der Himmel die Erde berührte. Sie sahen den menschgewordenen Gott. Sie hörten seine Lehre und erlebten hautnah mit, wie er mit einer kleinen Berührung eine schreckliche Krankheit heilte. Eigentlich konnten sie beim Nachtisch nicht mehr derselbe Mensch sein wie bei der Vorspeise.

Aber über eine Sache kamen sie nicht hinweg: Jesus hatte den Mann am falschen Tag geheilt – am Tag des Herrn, am Sabbat! Bestimmt hätte Gott den Mann doch wenigstens bis Sonnenuntergang leiden lassen!

Jesus stellt noch eine wirklich provokante Frage, und man kann die Pharisäer dabei förmlich mit den Zähnen knirschen hören. „Was passiert denn, wenn euch, ihr gesetzestreuen Menschen, am Sabbat ein Ochse – oder sogar ein Kind – in den Brunnen fällt? Würde ich nur gern mal wissen" (siehe Vers 5).

Die Antwort kennt er. In solch einer Notsituation lassen sie Fünfe auch mal gerade sein. Die Pharisäer schweigen. Aber wenn Blicke töten könnten …

Wir können davon ausgehen, dass Jesus das kommen sah. Er demonstrierte die Macht und Barmherzigkeit Gottes und wusste, dass sie ihn voller Selbstgerechtigkeit dafür verurteilen würden.

Also erfüllt er sie noch einmal. Er erfüllt ihre Ohren mit einer Geschichte. Allerdings wusste er wohl – das kann ich mir jedenfalls vorstellen –, dass ihnen seine Worte zum einen Ohr rein und zum anderen Ohr wieder rausgehen würden, wie alles andere, was er in ihrer Gegenwart gesagt hat.

Ein Fest für die Geringsten

Jesus möchte im Verlauf dieses Gastmahls über ein noch größeres, exquisites Festmahl reden. Und später tut er das tatsächlich.

Man muss wissen, dass in der Bibel ein Festmahl mehr ist als eine einfache Mahlzeit. Oft steht es als Metapher dafür, wie Gott auf die tiefsten Bedürfnisse eines Menschen eingeht. Festmähler kommen in mehreren Gleichnissen vor, weil sich dieses Symbol auf natürliche Weise ergibt: Der Herr gibt den Menschen, die zu ihm gehören, zu essen, und zwar nicht nur irgendetwas, sondern das Beste – ein schlichtes und doch nachdrückliches Bild für Gott.

Heute finden häufig Festmähler statt, und man kann jedes Mal mit großartigem Essen rechnen. Zur Zeit Jesu aber war es etwas ganz Besonderes, eine gute, vollständige Mahlzeit zu sich zu nehmen, und das galt sogar für Leute, die relativ wohlhabend waren. Jesus spricht oft von Festen, weil seine Hörer mit diesem Bild etwas anfangen konnten. Sie dachten dabei vielleicht an das Passamahl, das man seit langer Zeit schon feierte. Wenn wir dieses Gleichnis hören, denken wir an das letzte Abendmahl oder sogar an das Hochzeitsmahl des Lammes in der Offenbarung.

Gott ist derjenige, der uns zu essen gibt, der uns füllt. *Gib uns heute unser tägliches Brot.* Das ist eine grundlegende Wahrheit. Jesus erzählt also die erstaunliche Geschichte vom großen Festmahl (nachzulesen in Lukas 14,16-26):

Ein Mann lädt zu einem Festmahl ein. Als der Tisch gedeckt und der Ofen angeheizt ist, schickt er einen Diener mit der Botschaft los: „Es ist angerichtet." Doch niemand hat Lust zu kommen. Einer der eingeladenen Gäste sagt, er müsse sich dringend einen Acker ansehen.

Ein zweiter hat gerade ein paar Ochsen gekauft und will mit ihnen auf dem Feld arbeiten. „Tut mir leid", sagt ein dritter, „ich habe gerade geheiratet."

Dem Gastgeber missfallen diese Entschuldigungen. Er ist regelrecht beleidigt. Doch er hat all das gute Essen aufgetischt, der Tisch ist schön gedeckt, und darum trägt er dem Diener auf, noch einmal durch die Stadt zu gehen, auch durch die kleinen Gassen. Er soll den Kranken, den Hungrigen und allen anderen ausrichten, dass eine gute Mahlzeit auf sie wartet.

Den Auftrag hat der Diener erfüllt, doch immer noch sind Plätze frei. Der Herr mag leere Plätze überhaupt nicht. Also sagt er: „Geh noch einmal los, und zwar noch ein Stück weiter – und beeil dich, denn das Essen wird kalt. Such die Feldwege ab. Guck auch unter den Büschen nach, wenn es notwendig ist. Und dann geht die Party los."

Und er gelobt etwas: Ihr, die ihr keine Zeit finden konntet – für euch gibt es keine Suppe!

Wer spielt mit?

Für die Zuhörer damals war es besonders spannend herauszufinden, wer genau mit den verschiedenen Figuren in den Gleichnissen gemeint war. Manche Gleichnisse sind sehr einfach gehalten und allgemeingültig; andere haben eine bestimmte Pointe und enthalten Hinweise auf ganz bestimmte Personen.

Für Gott steht in der Regel ein Großgrundbesitzer oder Geschäftsmann, jemand, der Macht und Einfluss hat. In dieser Geschichte aber sollte man auch auf den Diener achten. Ja, er ist Jesus.

Gott sandte Jesus, um uns zu dem großen Festmahl einzuladen – also in sein Reich, sein Leben. In einem ähnlichen Gleichnis, das im Matthäusevangelium steht, wird der Diener von den Eingeladenen umgebracht, und das macht die Symbolik glasklar. Es handelt sich nicht nur um ein Gleichnis, sondern auch um eine Prophetie.

Und die Menschen, die zum Festmahl eingeladen werden? Nun, das ist das Volk Gottes. Doch nun stellt sich heraus, dass sie zu beschäftigt sind, um loszugehen. Ja, sie freuen sich über die Einladung, aber sie haben schon etwas anderes zu tun. Dabei benehmen sie sich sehr höflich, und man kann sich vorstellen, dass sie sich im Stillen denken: *Vielleicht schaue ich später noch einmal herein.* Das sind vielbeschäftigte Leute mit den besten Absichten – aber erst müssen sie noch das eine oder andere erledigen.

Haben Sie sich Ihre Entschuldigungen angesehen? Können Sie sich mit einer Figur aus dieser Geschichte identifizieren?

Weitermachen wie bisher

Der erste Gast hat gerade einen Acker gekauft und will ihn sich näher ansehen.

Hier spricht Jesus über persönliches Gewinnstreben. Wie viele Menschen kennen wir, die ein Haus besitzen, nur um eines Tages zu begreifen, dass das Haus eigentlich sie besitzt! Wir begegnen ihnen zufällig beim Einkaufen, Monate nachdem sie sich nicht mehr im Gottesdienst oder Hauskreis haben blicken lassen.

„Wir haben schrecklich viel zu tun", sagen sie, und irgendwie klingt es, als ob sie das für eine *gute* Sache hielten. „Nachdem wir das Haus gekauft hatten, mussten wir jedes einzelne Zimmer renovieren. Aber keine Angst, wir kommen zurück!" Man hat den Eindruck, als hätten sie Gott im Augenblick nicht nötig – die Basteleien rund ums Haus füllen ihre Leere.

Als ich mir neulich Werbung im Fernsehen anschaute, fiel mir auf, dass jeder einzelne Spot davon ausgeht, dass Menschen Leere empfinden. Mit anderen Worten: Werbeagenturen arbeiten mit der Annahme, dass Ihnen und mir bisher etwas Tolles entgangen ist. Da mag sogar etwas dran sein. Doch innerhalb von dreißig Sekunden wollen sie mir einreden, dass dieses Auto die Leere füllen wird – gucken Sie sich nur den Gesichtsausdruck des Mannes an, der auf einer Gebirgsstraße in den Sonnenuntergang fährt.

Das Smartphone, das Sie letztes Jahr gekauft haben? Völlig unmodern. Das neue spricht sogar mit leiernder Computerstimme mit mir. Und Sie sagen sich: „Ich kann mir überhaupt nicht vorstellen, wie ich je ohne dieses Handy mit leiernder Stimme zurechtgekommen bin. Jetzt ist das Leben wieder schön."

Die Annahme, dass wir Leere empfinden, ist der Treibstoff, der unsere auf Konsum ausgerichtete Wirtschaft antreibt. In einem solchen Wirtschaftssystem schenken wir der Vorstellung Glauben, persönliche Erfüllung hänge unmittelbar davon ab, dass ich immer mehr konsumiere. Einfacher gesagt: Wenn ich mich gerade ein wenig niedergeschlagen fühle, muss ich einfach ein bisschen mehr konsumieren. Wenn ich spätabends im Bett liege und diese Leere verspüre, liegt das daran, dass irgendwo irgendjemand irgendetwas Neues hat, das ich noch nicht habe. Das Leben ist ein unaufhörlicher Zyklus mit dem Ziel, unsere Besitztümer zu vermehren.

Haben Sie sich schon einmal ein Heimvideo von einem Weihnachtsfest oder Geburtstag von früher angeschaut? Sie reißen das Geschenkpapier auf, um schnell an die Geschenke zu kommen, und auf dem Bildschirm sehen Sie, dass Sie sich darüber gefreut haben. Aber jetzt gucken Sie genauer hin – habe ich dieses Hemd damals wirklich getragen? Wo ist denn dieses Küchengerät abgeblieben? Oh ja, ich erinnere mich noch genau daran, wie sehr ich mir dieses Schmuckstück gewünscht habe, aber heute nehme ich es niemals aus der Schmuckschatulle heraus.

Früher oder später fragen Sie sich, ob Sie dieses ganze Zeug wirklich gebraucht haben. Doch es ist wie eine Sucht. Das Internet ermöglicht es uns, jeden Tag einzukaufen, sogar spät abends. Wir müssen nur auf die Waren klicken, die wir nicht brauchen, und Geld dafür bezahlen, das wir nicht haben. Sich durch das Internet zu klicken und lüstern auf die Angebote zu schielen: Für manche Menschen ist das das wahre Leben. Wir sind Jäger und Sammler, und wir wagen es nicht innezuhalten, weil es auch unsere Haltung ändern könnte, wenn wir auch nur einen Augenblick darüber nachdenken.

Ich sitze gerade im Flugzeug, und der Werbeprospekt *SkyMall* ruft schon die ganze Zeit nach mir, während ich dieses Kapitel schreibe. Ich mache also erst mal eine kleine Pause und blättere ihn durch. Bis gleich.

Tut mir leid. Hat doch ein bisschen länger gedauert. Es braucht schon seine Zeit, wenn ich mich durch einen Prospekt arbeiten muss, wo mir fast auf jeder Seite ein Produkt angeboten wird, von dem ich noch nicht einmal wusste, dass es so etwas überhaupt gibt – und ohne das ich jetzt nicht mehr leben möchte. Ein paar Sachen, die ich unbedingt haben muss, habe ich mir angestrichen:

• Der Sacht-Erwacht-Wecker

Das ist kein stinknormaler Wecker. Im SkyMall-Katalog heißt es: „Dieser Wecker steuert die Raumbeleuchtung und setzt anregende Aromen frei." Er macht nicht nur einfach Lärm, nein, es wird allmählich heller im Zimmer, und Sie gehen begleitet von angenehmen Düften in den Tag.

• Atari-Spiel für das iPad

Mein Lieblingsgegenstand aus meiner Kindheit und mein Lieblingsgegenstand heute, zum ersten Mal vereint. Mir ist, als hätten 1985 und 2015 geheiratet und ein Kind bekommen.

• Ein Toilettendeckel, der sich automatisch absenkt

Ich habe keine Ahnung, woher er das weiß, aber er weiß es. Dreißig Sekunden, nachdem ich mein Geschäft verrichtet habe, schließt sich der Deckel automatisch. Elegant, durchdacht und hygienisch. Dieses

Produkt hätte eigentlich den Friedensnobelpreis verdient. Ahnen Sie, wie viele Ehen dadurch gerettet werden könnten?

Die Liste der Dinge, die man erfunden hat, nimmt kein Ende. Wir stürzen uns in Schulden, um immer mehr davon zu kaufen. Warum also fühlen wir uns noch immer leer? Die Garage, der Keller und der Speicher platzen schon aus allen Nähten, und immer noch fühle ich mich leer. Es ist ein bisschen so, wie eine reichhaltige Mahlzeit zu essen. Zuerst fühle ich mich satt, aber das dauert nicht an. Irgendwann brauche ich die nächste Mahlzeit, den nächsten Kauf, das nächste Mal, das nur kurz andauernde Gefühl der Erfüllung.

Wir versuchen, den Hohlraum in unserer Seele mit Dingen zu füllen, die dafür nicht gemacht sind.

Wir versuchen, den Hohlraum in unserer Seele mit Dingen zu füllen, die dafür nicht gemacht sind. Mutter Teresa sagt:

Die geistliche Armut in der westlichen Welt ist viel größer als die physische Armut unseres Volkes. Ihr im Westen habt Millionen von Menschen, die unter furchtbarer Einsamkeit und Leere leiden. Sie fühlen sich nicht geliebt und unerwünscht. Diese Menschen hier sind zwar hungrig in physischer Hinsicht, aber sie sind es in einem ganz anderen Sinne. Sie wissen, dass sie mehr brauchen als Geld, aber sie wissen nicht, was es ist. Was sie tatsächlich vermissen, ist eine wirkliche Gemeinschaft mit Gott.[1]

Gottes Festmahl ist viel mehr als eine reichhaltige Mahlzeit. Das bestreitet auch niemand. Wir glauben das, wir wollen mit dabei sein. Aber wir können unseren Konsum einfach nicht lange genug unterbrechen, um am Tisch Platz zu nehmen. Und selbst wenn wir Platz nähmen, würden wir uns die Speisen und die Tischdekoration genau anschauen, weil wir uns fragen, wo die wohl gekauft wurden.

Schwer beschäftigt

Der zweite Gast in unserer Geschichte redet von seinem neuen Ochsengespann. Man könnte ihn für einen ganz normalen Konsumenten halten. Doch dass er sich die Ochsen ansehen will, sagt uns, dass er seine Arbeit und seine Verantwortung ernst nimmt. Mit fünf Ochsengespannen kann er ja noch viel mehr Arbeit erledigen, oder? Er kann es gar nicht erwarten, die vierzig, achtzig oder achthundert Hektar hinterm Haus zu pflügen.

Im Juni 2012 brachte die *New York Times* einen Artikel unter der Überschrift *The ‚Busy' Trap* („Die Ich-hab-so-viel-zu-tun-Falle"), der einiges Aufsehen erregte. Der springende Punkt darin war, dass wir auf die Frage „Wie geht's dir?" normalerweise „Ich habe viel zu tun" antworten, „Ich habe *so viel* zu tun", oder „Ich habe *entsetzlich* viel zu tun". Wir rollen entnervt mit den Augen und tun so, als wollten wir klagen, während wir in Wirklichkeit nur damit angeben. Unsere Hackordnung richtet sich danach, wie wenig Freiraum es in unserem Leben gibt. Im Artikel heißt es weiter:

> Geschäftigkeit dient als eine Art Schutzwall gegen das Gefühl der Leere. Denn mein Leben kann ja gar nicht albern, trivial oder sinnlos sein, wenn ich so viel zu tun habe, jede einzelne Stunde des Tages ausgebucht bin … Dass wir so viel zu tun haben, ist auf unseren Ehrgeiz, auf unsere Motivation, auf unsere Ängste zurückzuführen, weil wir süchtig nach Beschäftigung sind und Furcht haben vor allem, dem wir uns stellen müssten, wenn wir nichts zu tun hätten.[2]

Da haben wir es: Geschäftigkeit als Schutzwall gegen Leere. Wir wirbeln herum, angetrieben von dem Vakuum in uns. Wir glauben, dass wir einen Betrieb am Laufen halten, aber vielleicht laufen wir einfach nur ziellos herum. Es geht auch nicht nur um unseren Arbeitsplatz im Büro. Auch für Unterhaltungsangebote nehmen wir uns Zeit, und Computer können zum engsten Vertrauten werden, den wir haben.

Der durchschnittliche Amerikaner sieht etwa eintausend Stunden im Jahr fern.[3] Mit fünfundsechzig Jahren hat man also insgesamt zehn Jahre Fernsehen geschaut. Im Alter von zehn Jahren hätte ich diese Aussicht vielleicht verlockend gefunden, aber wenn ich das heute höre, stimmt mich das doch eher depressiv.

Wenn Sie zu meiner Generation gehören oder noch jünger sind, gibt es sogar noch schlechtere Nachrichten. Es bedeutet, dass Sie etwa fünf Stunden täglich online sind, am Computer, am Smartphone oder am Tablet. Im Lauf eines ganzen Lebens verbringen Sie daher vierzehn Jahre im Internet. Wenn man das Fernsehen noch dazu rechnet, verbringt man also fast ein Vierteljahrhundert vor einem Bildschirm.* Das klingt irgendwie schon nach einer Haftstrafe, oder? Aber Leere auch.

Reden wir einmal über Smartphones und warum sie dazu beitragen, dass wir so viel zu tun haben. Die International Data Corporation (IDC) fand heraus, dass tatsächlich 80 Prozent aller Smartphone-Besitzer innerhalb von fünfzehn Minuten nach dem Aufstehen die letzten Neuigkeiten von ihrem Smartphone abrufen. Und manche Leute rufen den ganzen Tag ohne Unterbrechung die letzten Meldungen ab, als litten sie unter einem nervösen Tick.

Die *New York Times* war der Sache mit einem Artikel auf der Spur, der den Titel „Der Aufstieg der Toiletten-SMS-Schreiber" trug.[4] Schöne Überschrift, übrigens. In diesem Artikel wird behauptet, dass einer von vier Amerikanern seine Toilette nie ohne sein Smartphone betritt. Eine kühne These, die ernsthafte Fragen aufwirft. Was zum Beispiel passiert, wenn der Akku leer ist und geladen werden muss, wenn ich mein Smartphone dringend für den Toilettengang brauche? Wenn die Natur ruft, kann ich sie nicht warten lassen. Und übrigens, falls sie mich in dieser Situation gerade anrufen, will ich das wirklich nicht wissen.

---

* Wenn Sie das hier auf einem Tablet lesen, erteile ich Ihnen Absolution. Ich habe einen Vorschlag: Die Zeit, die Sie auf einen Bildschirm gucken, um dieses Buch zu lesen, wird Ihnen gutgeschrieben, sodass Sie dieselbe Zeit noch einmal mit ein paar Computerspielen totschlagen können.

All das ist symptomatisch für unsere vollen Terminkalender, für unseren Verstand, der von so vielen Dingen abgelenkt wird, und für ein Leben, das so übersättigt ist, dass wir keine Zeit mehr für das große Festmahl erübrigen können, wenn es soweit ist.

Die große Tragödie ist, dass die Menschen nie erfahren, was ihnen entgeht. Sie sind zu schnell unterwegs, sie denken zu oberflächlich, wollen Schritt halten, gehen sofort zum nächsten Punkt auf der Tagesordnung über und sind so beschäftigt, dass sie sich von Gott immer weiter entfernen.

Wie die Sanduhr

Es fällt schwer, den dritten Gast, der die Einladung ablehnt, zu kritisieren – man möchte ihm vielmehr auf den Rücken klopfen und ihm gratulieren.

„Also", sagt er mit einem breiten Lächeln, „klingt gut, die Einladung, aber wir sind gerade aus den Flitterwochen zurückgekommen. Wir müssen erst mal auspacken und die Danksagungen schreiben. Tut mir leid, da müssen wir absagen. Sie verstehen das bestimmt. Beim nächsten Festessen sind wir auf jeden Fall mit dabei."

Ihn treibt im Augenblick das an, was die Soziologen *Cocooning* nennen. Die Trendforscherin Faith Popcorn brachte diese Formulierung in den 1990er-Jahren auf. Im Grunde bedeutet sie: „Das gesellschaftliche Leben hat mich ausgebrannt. Jetzt baue ich mir zu Hause ein gemütliches Nest, eine richtige Höhle, vielleicht mit einem großen Flachbildfernseher. Hierhin ziehe ich mich zurück und freue mich an meiner Familie."

Was nimmt den Platz in Ihrem Leben ein, der eigentlich für Gott vorgesehen ist?

Wie viele Liebeslieder haben Sie in Ihrem Leben schon gehört? Wie viele Filme haben Sie gesehen? Die meisten davon transportieren eine ganz einfache Botschaft: Der richtige Partner wird die Leere füllen. Das ist uns mittlerweile in Fleisch und Blut übergegangen. „Du vervollständigst mich." Und sie lebten glücklich bis an ihr Lebensende.

Diese Vorstellung bringt viele Menschen dazu, mit überzogenen und falschen Erwartungen zu heiraten oder eine Beziehung einzugehen: Sie glauben, ein anderer Mensch kann ihnen für den Rest ihres Lebens Erfüllung schenken. Stellen Sie sich einmal vor, welche Last wir diesem Menschen damit aufbürden. Romantische Liebe ist ein Geschenk Gottes, und zwar eins der wunderbarsten, das er uns gemacht hat. Doch die größte Gabe ist sie nicht. Es gibt nur eine Beziehung, die uns auf Dauer erfüllt.

Sie sind zu schnell unterwegs, sie denken zu oberflächlich, wollen Schritt halten, gehen sofort zum nächsten Punkt auf der Tagesordnung über und sind so beschäftigt, dass sie sich von Gott immer weiter entfernen.

Gary Thomas schrieb ein Buch mit dem Titel *The Sacred Search* („Die heilige Suche"), in dem er die Ehe mit einer Sanduhr vergleicht. Langsam, aber stetig rieselt der Sand nach unten. Am Anfang ist das obere Glas voll. Wir halten unseren Ehepartner für vollkommen. Doch in dem Augenblick, da wir eine Beziehung eingehen, fängt der Sand an zu rieseln, und innerhalb von zwölf bis achtzehn Monaten macht sich Unzufriedenheit breit. Und irgendwann kommt das letzte Sandkorn unten an.[5]

An diesem Punkt fragen wir uns, was mit dem Menschen, den wir geheiratet haben, nicht stimmt – oder auch mit uns. Wir sind nicht mehr bis über beide Ohren in den anderen verliebt.

Und … könnte es vielleicht jemand anders geben, jemanden, dessen Sanduhr noch nicht abgelaufen ist? Jemand, der unsere Leere füllen könnte?

Während wir noch mit diesen Zweifeln kämpfen, schießt uns der Gedanke an Gott durch den Kopf, so, als würde jemand sagen: „Komm zum Festmahl. Komm einfach." Und wir denken uns: *Nicht jetzt. Ich muss noch so vieles erledigen. Beim nächsten Mal bin ich bestimmt dabei.*

Dinge, die wir unbedingt noch erledigen müssen. Aktivitäten. Lie-

be. Und es mag noch anderes geben. Was wäre für Sie der wahrschein-
lichste Grund, dass Sie das Festmahl ausschlagen? Was nimmt den Platz
in Ihrem Leben ein, der eigentlich für Gott vorgesehen ist?

Erfüllt

Das große Festmahl ist eine Metapher, ein Bild dafür, wie Gott seine
Kinder ernährt und erfüllt. Er stillt unsere Grundbedürfnisse. Doch es
gibt auch noch eine andere, noch unmittelbarere und direktere Art
der Erfüllung.

Als Jesus sich darauf vorbereitete, wieder in den Himmel aufzufah-
ren, erklärte er seinen Jüngern, dass bald etwas geschehen würde, dass
sie von innen nach außen verändern sollte: Der Heilige Geist würde
in ihr Leben treten. Jesus sagte, wir würden mit dem Heiligen Geist
erfüllt werden. Wenn wir Jesus Christus nachfolgen, tritt er sofort in
unser Leben. Wir beten darum, dass er uns erfüllt, und das bedeutet, dass wir mit ihm in allen Dingen zusammenarbeiten und er alles
durch uns tun will.

Er ist Christus in uns, wohin wir auch gehen. Er rüstet uns mit
Gaben für unseren Dienst aus. Er rät und tröstet uns, und jeden Tag
macht er uns Christus ähnlicher – durch winzige, fast nicht wahr-
nehmbare Augenblicke, wenn wir etwas so tun oder denken, wie es
Jesus entspricht, statt wie früher in unserer eigenen Art. Und wenn
wir mit dem Geist erfüllt werden, erfahren wir nach und nach, was es
bedeutet, ein wahrhaft erfülltes Leben zu führen.

In der Apostelgeschichte sehen wir, wie aus einer stümperhaften
Truppe, wie wir sie noch in den Evangelien kennengelernt haben,
eine dynamische Gruppe von gottesfürchtigen Revolutionären wird,
die die Welt erschüttert. Nun, da sie vom Heiligen Geist erfüllt sind,
sind ganz neue Menschen aus ihnen geworden. Manche sagen, die
Apostelgeschichte sollte eigentlich „Geschichte der Taten des Heiligen Geistes" heißen.

Paulus schreibt den Ephesern: „Betrinkt euch nicht mit Wein ...
Lasst euch stattdessen vom Heiligen Geist erfüllen" (Epheser 5,18).
Trunkenheit und Frömmigkeit in einem Bibelvers – das ist eine ei-
genartige Zusammenstellung. Doch Paulus sagt es genau richtig: Ver-
suchen Sie nicht, sich vom Alkohol inspirieren zu lassen. Gott möchte
Sie durch seinen Heiligen Geist erfüllen und inspirieren. Wenn Sie
Trost brauchen, suchen Sie ihn nicht in der Flasche. Machen Sie sich
auf die Suche nach dem wahren Tröster, wie ihn Jesus genannt hat.
Versuchen Sie nicht, sich Mut anzutrinken. Der Geist ist mutig! Die
Jünger gerieten in Panik, als Jesus verhaftet wurde, doch als der Geist
gekommen war, stellten sie sich jedem Tag kühn der Gefahr.

Trinken Sie, um sich nach einem harten Tag zu entspannen? Zur
Frucht des Geistes gehört auch der Friede, den Gott schenkt, ganz
zu schweigen von Liebe, Freude, Geduld, Freundlichkeit, Güte, Treue,
Sanftmut und Selbstbeherrschung.

Eine alte Reklame unterstrich zwei Aspekte des von ihr beworbe-
nen Bieres: „Schmeckt großartig" und „kein Völlegefühl". Zumindest
den zweiten Punkt hat die Brauerei richtig hinbekommen. Alles, was
diese Welt zu bieten hat, erfüllt uns nicht wirklich. Und letzten Endes
schmeckt nichts wirklich gut. Aber mit dem Leben im Heiligen Geist
ist es eine andere Sache.

Wenn Paulus uns in Epheser 5,18 auffordert, uns vom Geist erfüllen zu lassen, gebraucht er den Imperativ. Ja, ich weiß, Grammatik,
schreckliche Sache. Aber hören Sie zu. Die Aufforderung steht im Imperativ. Er bietet uns keine Wahlmöglichkeit an, sondern befiehlt uns
etwas. Die Aufforderung gilt nicht einer bestimmten Konfession oder
Menschen, die auf so etwas stehen. *Lasst euch vom Heiligen Geist erfüllen*,
sagt er uns. *Tut es einfach.*

Die Verbform sagt uns auch, dass es nicht um eine einmalige Handlung geht. Es ist etwas, das wir dauerhaft tun sollen, wie zu atmen und
zu essen. Wenn das Leben uns anstrengt, sollen wir uns wieder mit
dem Heiligen Geist erfüllen und uns erfrischen lassen.

Und dann heißt es „Lasst euch ...". Das bedeutet, dass wir es nicht selbst tun müssen. Der Krug füllt sich ja auch nicht von selbst. Jemand anders muss das erledigen.

Wie können wir, die Krüge, uns also so positionieren, dass das heilige Öl niemals ausgeht?

Wir leeren uns. Das steht in unserer Macht. Unaufhörlich können wir zu Gott beten: *Leere mich, Oh Herr, von allem, was überflüssig ist, und erfülle mich mit deinem Heiligen Geist.*

Der Evangelist D.L. Moody, der im neunzehnten Jahrhundert wirkte, formulierte das folgendermaßen:

Ich glaube fest daran, dass in dem Augenblick, wo unser Herz von Stolz, Selbstsucht, Ehrgeiz, Egoismus und allem, was Gottes Gesetz entgegensteht, gereinigt wird, der Heilige [Geist] kommen und jeden Winkel unseres Herzens erfüllen wird; doch wenn wir voller Stolz und Hochmut, Ehrgeiz, Egoismus, Vergnügungssucht und der Welt sind, hat der Geist Gottes keinen Raum; und ich glaube, dass viele Menschen Gott bitten, sie zu erfüllen, während sie in Wirklichkeit schon von etwas ganz anderem erfüllt sind. Bevor wir Gott bitten, uns zu füllen, sollten wir meiner Meinung nach darum bitten, dass er uns leert. Wir müssen geleert werden, bevor wir gefüllt werden können. Und wenn unser Herz auf den Kopf gestellt wird und alles, was Gott entgegensteht, ausgekehrt wird, wird der Geist kommen.[6]

Kehren wir zum großen Festmahl zurück. Dort herrscht einen Augenblick Traurigkeit. Der Diener teilt dem Herrn mit, dass einige der Eingeladenen zu beschäftigt sind. Sie haben keine Zeit, an dem Essen teilzunehmen, egal, wie wunderbar es ist, egal, wie satt es sie macht.

Doch nun lächelt der Herr und sagt: „Ich mag es, wenn die Reihen gefüllt sind. Füll sie mit Menschen, die noch Platz haben, in ihrem Terminkalender, in ihren Prioritäten, in ihrem Herzen. Mir ist es egal, wo sie sind, wo sie wohnen oder was sie getan haben. Mir ist es egal, ob sie angemessene Kleidung haben oder anregende Konversation bei Tisch betreiben. Ich will nur eins: dass sie leer sind."

Vielleicht haben Sie ihm auch diese Leere zu geben. Oder vielleicht kennen Sie Christus, aber nicht gut genug. Ich will es noch einmal wiederholen: Wie sehr wir gefüllt werden, ist unmittelbar davon abhängig, wie leer wir sind. Geben Sie sich nicht mit einem vollen Leben zufrieden – suchen Sie nach einem erfüllten Leben.

Noch einmal Moody: „Gott schickt niemanden weg, außer diejenigen, die von sich selbst erfüllt sind."[7] Wie schrecklich wäre es, wenn jemand direkt vor der Tür verhungert, wenn dahinter das schmackhafteste Festessen des Universums wartet und er die Einladung dazu noch in der Hand hält.

Haben Sie schon den köstlichen Duft hinter der Tür in der Nase? Läuft Ihnen schon das Wasser im Mund zusammen? Kommen Sie, nehmen Sie Platz! Lassen Sie sich satt machen und erfüllen.

Geben Sie sich nicht mit einem vollen Leben zufrieden – suchen Sie nach einem erfüllten Leben.

Kapitel 6

Hilflos, um befähigt zu werden

Jetzt ist Schluss damit.

Schon viel zu lange sind wir Männer zur Zielscheibe verletzender und unsensibler Stereotypisierung geworden. Diese grausamen Klischees drehen sich darum, dass Männer niemals anhalten und nach dem Weg fragen.

Angeblich fahren wir Hunderte von Kilometern in der falschen Richtung, während geduldige, allwissende Nicht-Männer auf dem Beifahrersitz uns inständig bitten: „Bitte halte an der Tankstelle an und *frag* jemanden", „Magst du das einfach für *mich* tun?", „Wir werden *niemals* pünktlich da sein" und „Warum musst du nur so halsstarrig sein?"

Ich weiß das, weil ich ein Opfer dieser Stereotypisierung gewesen bin. Bis jetzt. Vor Ihren Augen werde ich nämlich eine Untersuchung durchführen, die diesen Mythos entlarvt. Vor mir liegt ein Artikel aus dem *American Psychologist*.[1] Ich habe ihn zwar noch nicht gelesen, aber ich habe vollstes Vertrauen, dass es genug männliche Psychologen gibt, die uns rehabilitieren.

Wenn ich die Absätze überfliege und die komplizierten Ausdrücke überspringe, sehe ich schon, dass es im Lauf der letzten drei Jahrzehnte eine Reihe von Studien dazu gegeben hat. Jetzt kommt's – diese Studien decken Folgendes auf:

Männer bitten eher nicht um Hilfe.

Na gut, das habe ich nicht gerade erwartet. Aber beim Weiterlesen stoße ich noch auf andere Punkte:

Darüber hinaus gehen Männer seltener zum Arzt.

Wenn sie medizinische Hilfe in Anspruch nehmen, stellen sie weniger Fragen und teilen dem Arzt auch nicht alle ihre Symptome mit.

Das erklärt unter anderem, warum Männer durchschnittlich sieben Jahre früher sterben.

Gut, was soll ich dazu sagen? Wir Männer glauben an Eigenständigkeit. Die männliche Hälfte unserer Eltern hat uns beigebracht, den Dingen selbst auf den Grund zu gehen, alles allein zu regeln und dabei keinen Aufstand zu machen wie ein Mädchen. In der Studie heißt es, wir würden lieber leiden, als uns das Wörtchen *Hilfe* abzuringen. Aber das gehört einfach zu unserem männlichen Charme, oder?

Eine Sache muss ich zugeben. Vor einigen Jahren plante ich eine Kajaktour mit meinem Sohn Kael, der damals acht war. Hinter unserem Haus gibt es einen Bach, den Floyds Fork Creek, und wir hatten beschlossen, uns auf ein Abenteuer einzulassen. Wir würden die unberührte Wildnis von Louisville erforschen, das Kajak irgendwo an Land ziehen und dann meine Frau anrufen, damit sie uns abholt.

Meine Frau hielt das für einen großartigen Plan, abgesehen von einer einzigen Kleinigkeit. „Das ist überhaupt kein richtiger Plan", meinte sie. Dann schlug sie vor, dass wir Google Earth aufrufen und nach einer in der realen Welt existierenden Brücke suchen sollen, wo sie uns abholen würde.

Es ist mir wirklich peinlich, das zuzugeben, aber ihr gesunder Menschenverstand bestärkte mich nur noch in meinem männlichen Verlangen, es auf meine Weise zu machen. Also hielt ich an meinem Plan fest, der überhaupt kein richtiger Plan war. Als wir uns immer wieder darüber unterhielten, wie viel Spaß dieser Ausflug machen würde, schlossen sich auch meine älteste Tochter und ihre Freundin an. Das Ganze klang nach einer verheißungsvollen Party, und deshalb wollte auch meine jüngste Tochter mitmachen.

Nun waren wir also zu fünft. Von unseren Nachbarn liehen wir uns

Kajaks und ließen sie zu Wasser. In diesem Augenblick begriff ich, dass ich für vier Menschenleben verantwortlich war. Aber ich wusste, dass ich damit schon zurechtkommen würde.

Nach einer Dreiviertelstunde ging uns langsam die Puste aus. Ich hatte noch keine einzige Stelle entdeckt, wo wir an Land gehen konnten. Also beschloss ich, mein Smartphone herauszuholen und das Navi einzuschalten. Das Smartphone hatte ich mit einem äußerst hochwertigen Kajakausrüstungsgegenstand gesichert, einem so genannten Ziploc-Beutel. An diesem Punkt hatte ich also vorausgedacht. Außer, dass Beutel und Smartphone verschwunden waren.

Irgendwo in den wirbelnden Strudeln des Floyds Fork Creek war mein Smartphone offenbar schwimmen gegangen, ohne dass ich das gemerkt hatte. Das bedeutete, dass ich ohne Navigationssystem dastand, und das wiederum bedeutete, dass ich keine Ahnung hatte, wo wir waren. Außerdem bedeutete es, dass ich meine Frau nicht anrufen konnte, um sie um Hilfe zu bitten.

Zwei Stunden waren vergangen. Wir alle waren schweißnass, dreckig und richtig erschöpft. Meine jüngste Tochter meinte: „So hatte ich mir das nicht vorgestellt." Genau genommen sagte sie das sogar mehr als einmal.

Mein achtjähriger Sohn sah mich an und sagte: „Papa, ich kann meine Arme nicht richtig bewegen." Beunruhigende Worte für einen Vater. Inzwischen ging die Sonne unter, und es wurde allmählich dunkel.

Als drei Stunden verstrichen waren, hatte unser Ausflug epische Ausmaße angenommen. Wir fühlten uns wie Jona, Captain Ahab oder SpongeBob auf dem Meer. Doch endlich fielen uns Zeichen der Zivilisation ins Auge: Ein Haus mit einem Garten, der zum Ufer abfiel, und eine Frau, die darin arbeitete. Ich war so erleichtert, sie zu sehen, dass ich ihr etwas zurufen wollte.

Aber das tat ich nicht. Aus irgendeinem Grund blieben mir die Worte *„Hallo, könnten Sie uns bitte retten?"* im Hals stecken.

Wir fuhren an dem Garten vorbei, und eine meiner Töchter fragte: „Papa, willst du nicht um Hilfe rufen?" Und die Frau, die im Garten arbeitete, jätete immer noch Unkraut, als sie allmählich aus unserem Blickfeld verschwand.

Nach Ablauf der vierten Stunde war ich bereit, mich zu ergeben und Buße zu tun. Dunkelheit senkte sich über das Land, im buchstäblichen wie im übertragenen Sinn. Die Kinder glichen Zombies. Das war die schlimmste Party, auf der meine Tochter jemals gewesen war.

Und dann sah ich sie: eine Brücke. Ich wimmerte schon ein wenig, als wir das Ufer hinaufkraxelten, und war bereit, alles und jeden um Hilfe zu bitten, der einen fühlbaren Pulsschlag hatte. Eigentlich hatte ich vorgehabt, meinen Sohn an die Straße zu schicken, weil praktisch jeder einem kleinen achtjährigen Jungen helfen würde, der seine Arme nicht mehr bewegen konnte. Ein zerzauster Mittdreißiger, dem Verzweiflung und Angst vor seiner Frau ins Gesicht geschrieben standen, würde potenzielle Helfer dagegen eher verschrecken.

Ein Auto bremste, und der Fahrer kurbelte die Scheibe herunter, um mit Kael zu sprechen, während ich von hinten herankam und versuchte, ganz lässig auszusehen, so als ob ich gerade meinen Sohn einholen wollte. Der Fahrer gab mir sein Handy, damit ich meine Frau anrufen konnte. Vier Stunden war es her, seit wir uns von ihr verabschiedet hatten, um uns in den reißenden Fluss hinterm Haus zu stürzen. Sie hatte erwartet, nach einer, höchstens anderthalb Stunden von uns zu hören.

Warum hatte ich denn nicht auf ihren Ratschlag gehört? Warum hatte ich die Frau im Garten nicht um Hilfe gebeten? Warum hatte ich meinen Jungen losgeschickt, wenn ich doch eigentlich selbst Hilfe hätte holen sollen?

Weil die Redakteure beim *American Psychologist* mich nur allzu gut kennen. Bei mir ist es „weniger wahrscheinlich", dass ich um Hilfe bitte. Wenn ich irgendetwas tun kann, um ein Problem allein zu lösen, auch wenn es gegen jede Intuition verstößt oder nicht besonders sinnvoll ist, dann tue ich das. Alles ist besser, als an meine Grenzen zu stoßen und zuzugeben, wie sehr ich Hilfe brauche.

Also, fast alles.

Hilflos am Teich

Es gehört zu unserer Kultur, dass wir unsere Angelegenheiten allein regeln sollen, ohne Hilfe zu suchen. Vielleicht ist das der Grund, warum der beliebteste aller Bibelverse gar nicht in der Bibel steht. Genau, es handelt sich um dieses Schätzchen: „Hilf dir selbst, dann hilft dir Gott." Diesen Spruch kennt jeder. Man zitiert ihn, man hört ihn gern, man versucht danach zu leben, doch niemandem kommt es in den Sinn, dass man ihn überhaupt nicht in der Bibel findet.

Wenn wir an unsere Grenzen stoßen, finden wir ihn, der nur darauf wartet, uns das zu geben, wonach wir uns verzweifelt gesehnt haben.

Vielleicht hat Gott vergessen, diesen Vers in die Bibel aufzunehmen? Ich glaube nicht. Eine bessere Erklärung wäre, dass Gott denen hilft, die sich *nicht* selbst helfen können. Gott hilft denen, die mitten in einer Krise stecken und innehalten, um jemanden zu bitten, ihnen beizustehen. Wenn wir hilflos sind und das auch wissen, sind wir offen für seine Hilfe, die er uns anbietet und die uns verändert. Wenn wir an unsere Grenzen stoßen, finden wir ihn, der nur darauf wartet, uns das zu geben, wonach wir uns verzweifelt gesehnt haben.

In Johannes 5 steht eine der vielen biblischen Geschichten, in denen genau das zum Ausdruck kommt. Sie dreht sich um einen Mann, der achtunddreißig Jahre lang gelähmt war. Stellen Sie sich das einmal vor – fast vierzehntausend Tage konnte er nicht laufen, nicht dorthin gehen, wohin er gehen wollte, sich nicht die Dinge besorgen, die er haben wollte. Das ist eine lange Phase der Hilflosigkeit.

Vielleicht hatte er einmal von einem Wunder geträumt. Wenn er schon als Kind gelähmt war, lag er vielleicht nachts manchmal wach und glaubte, dass er am nächsten Morgen mit gesunden Beinen und strahlenden Zukunftsaussichten erwachen würde. Doch dieses Wunder kam nie.

Fast vierzig Jahre vergingen, und innerlich verhärtete er sich. Er hörte auf zu beten und zu hoffen. Und er akzeptierte die Realität: Er war hilflos.

In diesem Zustand hoffnungsloser Bedürftigkeit begegnete er Jesus. Der Mann brachte sein Leben an einem öffentlichen Ort zu. Er lag in einer der fünf überdachten Säulenhallen, die den Teich Bethesda umgaben, der in der Stadt Jerusalem gelegen war. Viele Jahre behaupteten skeptische Gelehrte, diesen Teich habe es niemals gegeben. Manche gaben zu bedenken, dies bedeute, das Evangelium wäre viele Jahrzehnte nach den Ereignissen, von denen es berichtete, geschrieben worden, und zwar von jemandem, der Jerusalem nicht aus erster Hand kannte. Doch im neunzehnten Jahrhundert fand man den Teich, und er sah genau so aus, wie Johannes ihn beschrieben hatte.

Der Teich wurde mit Heilungen in Verbindung gebracht. In Ihrer Bibel finden Sie möglicherweise eine Fußnote, die von einer Legende berichtet, der zufolge hin und wieder ein Engel vom Himmel kam und das Wasser bewegte, und der Erste, der dann ins Wasser stieg, wurde geheilt. Diese Bemerkung findet sich in späteren Manuskripten des Johannesevangeliums, nicht jedoch in den ältesten. Der Teich Bethesda zog jedenfalls Kranke, Blinde und Hilflose an. Sie kamen und beobachteten, ob sich im Wasser etwas tat.

Dieser Mann, der achtunddreißig Jahre am Teich verbracht hatte, war eine lokale Berühmtheit. Er war schon länger da, als sich jemand erinnern konnte. In den meisten Städten gibt es bunte Vögel, die die Persönlichkeit einer Stadt prägen. Das hier war so ein Mann. Doch was wollte er zu diesem Zeitpunkt eigentlich noch? Versuchte er immer noch, ins Wasser zu steigen, wenn die Engel es aufwirbelten? Nach all dieser Zeit?

Wir stellen uns diesen Mann vor und sagen uns: Natürlich, früher, kurz nach seiner Ankunft hier, glaubte er wohl: *Heute ist mein Tag. Heute werde ich geheilt.* Und er lebte von ein paar positiven Gedanken und den wenigen Münzen, die ihm Passanten zuwarfen. Doch ein Jahr nach dem anderen verging, und mit seinem Optimismus war es nicht mehr so weit her. Er war an diesen Ort gefesselt. Vom Leben erwartete er nichts mehr als Münzen, die man ihm zuwarf. Hoffnungslosigkeit war ein Teil der Kulisse, die ihn umgab.

Jesus sieht diesen Mann und kennt seine Geschichte. Darum wirkt seine Frage so merkwürdig.

> Einer der Männer, die dort lagen, war seit achtunddreißig Jahren krank. Als Jesus ihn sah und erfuhr, wie lange er schon krank war, fragte er ihn: „Willst du gesund werden?"
> (Johannes 5,5-6)

Was für eine eigenartige Frage. Ein Mann ist schwerbehindert und verbringt sein ganzes Leben an einem Teich, dem man Heilkräfte zuschreibt. Ob er gesund werden will? Ja, natürlich!

Wie gesagt, eine alberne Frage – außer, es steckt noch mehr dahinter. Doch je länger ich als Pastor arbeite, desto besser verstehe ich die Frage, die Jesus hier stellt. Die Antwort ist keineswegs selbstverständlich. Es gibt viele Menschen, die sich am Teich aufhalten, ohne dass sie wirklich geheilt werden möchten. Viele Leute kommen zur Kirche, ohne dass sie sich wirklich Gottes Hilfe wünschen.

Menschen machen viele Dinge aus vielerlei Gründen, und zwar nicht immer den naheliegenden. Sie haben Motive, die sie manchmal vielleicht selbst nicht recht verstehen.

Jesus kommt direkt auf den entscheidenden Punkt zu sprechen: Bei dir herrscht schon lange Zeit Leerlauf. Willst du etwas Besseres haben? Oder gibst du dich mit stiller Verzweiflung und niedrigen Erwartungen zufrieden?

Furcht vor Veränderung

Wer würde denn keine Hilfe suchen? Jemand, der Angst vor Veränderung hat.

Dieser Mann war schon lange krank gewesen, fast vierzig Jahre. Das war das einzige Leben, das er kannte. Vielleicht gefiel es ihm nicht, aber er hatte gelernt, als Bettler zu überleben. Die Zeiten waren hart, aber immerhin hatte er keinen Beruf erlernen oder hart arbeiten müssen. Die Schlafmatte war sein Zuhause. Die Leute am Teich waren seine Familie, und er war eben, wer er war. Es ist erstaunlich, was Menschen zu erdulden lernen.

Steckt nicht in jedem von uns ein wenig von diesem Mann? Wir akzeptieren viele Dinge, von denen wir wissen, dass sie eigentlich besser sein könnten. Dann sagen wir: „Na gut, so ist mein Leben eben", als wenn es in Stein gemeißelt wäre. Wir kommen zu dem Schluss, dass Gott uns wohl an diesem Ort haben möchte, denn sonst hätte er ja irgendwie gehandelt. Mit anderen Worten: Wir geben Gott die Schuld daran. Und wenn Gott schuld daran ist, dass wir uns in dieser Situation befinden, warum sollten wir ihn dann um Hilfe bitten?

Und wenn Gott schuld daran ist, dass wir uns in dieser Situation befinden, warum sollten wir ihn dann um Hilfe bitten?

Nach einer Weile gewöhnen wir uns daran, und ein Leben mit Grenzen jagt uns weniger Angst ein als der Gedanke an Veränderung. Resignation ist besser als Enttäuschung.

Ich war mit meiner zukünftigen Frau ein paar Mal ausgegangen, als ich mich einer Knieoperation unterziehen musste. Keine große Sache, nur ein paar Basketballverletzungen, die in Ordnung gebracht werden mussten. Mittlerweile war ich mir gar nicht mehr sicher, was ich von diesem Mädchen halten sollte, die ich einige Male ausgeführt hatte. Wir hatten uns ein paar Mal zwanglos getroffen, aber ich wusste nicht, ob sie wirklich an mir interessiert war. Bisher hatte sie mir kaum Aufmerksamkeit geschenkt und, glauben Sie mir, ich hatte alle Register gezogen.*

Die Knie-OP war ein Geniestreich. Wer hätte das geahnt? Als ich mich von der Operation erholte, bekam ich die Aufmerksamkeit, die

---

* Sie zeigte sich sogar gegenüber meiner „Blue Steel"-Pose immun.

ich mir immer gewünscht hatte. Ich humpelte auf meinen Krücken herum, trug eine Beinschiene und heimste Mitleid ein, weil ich an eine tollpatschige Nippesfigur erinnerte. Ich war das Gegenstück zu George McFly im Film *Zurück in die Zukunft*, und es funktionierte. Mitleid wird absolut unterschätzt.*

Im Lauf der gesamten Genesungszeit tat sie für mich Dinge, die sie noch nie getan hatte. Sie schickte mir eine leidenschaftliche und romantische Karte, die ich bis heute aufbewahre. Vorne ist ein Frosch abgebildet, darunter der Text: „Du fühlst dich nicht gut?" Wenn man die Karte aufklappt, steht dort: „Kein Sorge, bald wirst du wieder hüpfen wie früher. Werd bald gesund!"

Na gut, was „leidenschaftlich" und „romantisch" bedeuten, liegt wohl im Auge des Betrachters. Ich lese die Karte auf meine Art, Sie lesen sie auf Ihre Art.

In den Pausen zwischen den Kursen ging sie mit mir geduldig spazieren. Und wenn wir uns an unterschiedlichen Orten aufhielten, schaute sie zwischendrin immer nach, ob mit mir alles in Ordnung war. Und eines Tages, als wir zusammen in der Kapelle saßen, legte sie ihre Hand auf meine Knieorthese.

Ich weiß nicht mehr, wie lange ich die Krücken und die Orthese benutzen sollte, aber ich erinnere mich noch daran, wie ich mit dem Gedanken spielte, ich könnte sie noch ein wenig länger benutzen, nur um sicher zu gehen. Ein Monat sollte wohl reichen.

Um ehrlich zu sein, war ich gar nicht sicher, ob ich wieder hüpfen wollte wie früher. Ich entdeckte, dass manche Dinge noch besser waren als umherzuspringen. Ein Mädchen, das ich mochte, überschüttete mich mit Aufmerksamkeit. Das genoss ich in vollen Zügen, und es war schön, nichts selbst tun zu müssen, weil jemand anders sich um mich kümmerte. Wollte ich gesund werden? Nicht unbedingt.

---

* Ihr Single-Männer: Ist es nicht an der Zeit, dass ihr euch um eure Fußsohlenwarzen kümmert? Ihr könnt den Eindruck erwecken, dass es sich um eine ernste Krankheit handelt, indem ihr die wissenschaftliche Bezeichnung verruca plantaris benutzt. Oder lieber nicht. Das klingt ansteckend.

Ihre Aufmerksamkeit tauschte ich gegen etwas Reales ein. Doch wenn die Krücken erst einmal fort waren, so befürchtete ich, würde ihre Aufmerksamkeit mit ihnen schwinden. Die Furcht vor Veränderung kann höchst motivierend werden – doch letzten Endes setzt sie uns Grenzen.

Verleugnung der Realität

Wer würde keine Hilfe suchen? Jemand, der die Realität leugnet.

Ich kann mir denken, dass der Mann am Teich Bethesda nach so vielen Jahren keine Vorstellung mehr davon hatte, wie das Leben aussehen würde, wenn er aufstehen, in die Stadt gehen und sein Leben wieder selbst in die Hand nehmen würde. Die lange Zeit spielte dabei eine Rolle, aber auch sein Umfeld. Jeden Tag, jede Nacht war er von kranken Menschen umgeben. Seine ganze Welt war auf die fünf Säulenhallen um den Teich Bethesda zusammengeschnurrt. Mit gesunden Menschen hatte er kaum Kontakt, Krankheit war für ihn zur Normalität geworden.

Ich habe einmal eine Dokumentation über eine vierunddreißigjährige Frau gesehen, der ein etwa einhundertfünfzig Kilogramm schwerer Tumor entfernt wurde. Er wog ungefähr doppelt so viel wie sie vor ihrer Krankheit. Unnötig zu sagen, dass das einen schrecklichen Anblick bot. Die Dokumentarfilmer fragten natürlich, warum die Frau gewartet hatte, bis der Tumor so groß war. Sie konnte darauf nur entgegnen, dass sie keine Hilfe gesucht hatte, weil sie der Meinung war, er würde schon von allein wieder verschwinden.

Der Tumor war einzigartig, ihre Haltung aber nicht. Wir denken uns, dass sich unsere finanziellen Probleme schon von allein regeln werden. Aber die Kreditkartenschulden häufen sich, und wir geben immer weiter Geld aus. Der Tumor wächst.

Wir denken uns, dass unsere Tochter im Teenageralter ihr Verhalten schon ändern wird und endlich aufwacht. Inzwischen fängt sie an, sich zu ritzen. Sie trifft sich mit Freunden, die ihr nicht guttun, und jeden

Tag entfernt sie sich von Gott, doch wir beschließen, Geduld mit ihr zu haben. Der Tumor wächst.

Wir denken uns, dass unsere Eheprobleme schon von allein verschwinden, wenn wir uns nicht darum kümmern. Wer sagt denn, dass wir Hilfe brauchen? Das sind die ganz normalen Probleme zwischen Mann und Frau, und die gehen niemanden etwas an. Innerhalb weniger Monaten schlafen wir in getrennten Zimmern, und er fühlt sich von einer Frau in seinem Betrieb angezogen. Der Tumor wächst. Warum nicht um Hilfe bitten?

Scham

Manchmal nimmt die Sorge überhand. Wir begreifen, dass wir Hilfe brauchen, und sind fast so weit, dass wir auch tatsächlich darum bitten. Doch wir haben schon so lange gewartet und sind vom Regen in die Traufe gekommen. Dann denken wir lieber noch einmal nach.

Wir treten einen Schritt zurück, schauen uns im Spiegel an und schämen uns. Um Hilfe zu bitten, erfordert Demut. Wir müssen so kommen, wie wir sind, und die Karten auf den Tisch legen. Wir wollen nicht, dass irgendein fremder Arzt sich unseres Problems annimmt. Oder dass ein Eheberater Schiedsrichter bei unserem Streit spielt. Wir wollen nicht, dass die Probleme mit unserer Tochter an die Öffentlichkeit gelangen. Wenn wir mit dem Pastor oder einem Familienberater sprechen, würden sich vielleicht Klatsch und Tratsch verbreiten.

Die Frau mit dem Tumor wusste genau, dass der Tumor nicht von allein verschwinden würde. Es war glasklar, dass sie Hilfe brauchte. Aber es war ihr peinlich, dass der Tumor schon so groß war. Wenn sie um Hilfe bat, würden sie die Ärzte wie ein Ausstellungsstück im Museum beäugen. Man würde Fragen stellen. Und sie könnte sich nicht mehr verstecken.

Und je länger sie wartete, umso schlimmer würde die Demütigung ausfallen.

Wir schämen uns, und es ist für uns undenkbar, damit noch der Öffentlichkeit ausgesetzt zu sein. Wir lassen uns davon beherrschen, was andere Leute über uns denken. Der Stolz verlangt einen fürchterlichen Preis. Wir sind tatsächlich bereit zu leiden, solange wir glauben, dass wir in aller Stille leiden können und die anderen nichts davon wissen.

Als Pastor werde ich häufig von jemandem gebeten, mit einem Freund oder Familienangehörigen Kontakt aufzunehmen. Dann höre ich, wie ein Teenager mit Drogenabhängigkeit kämpft oder der Bruder des Betreffenden aufgehört hat, an Gott zu glauben. Vielleicht will er seine Frau nicht mehr zum Gottesdienst begleiten. „Könntest du mit ihm reden?", werde ich dann gefragt.

Der Stolz verlangt einen fürchterlichen Preis.

Früher habe ich diese Menschen immer angerufen, aber heute mache ich das kaum noch. Ich habe gelernt, dass es nicht hilfreich und manchmal sogar kontraproduktiv ist, Menschen Hilfe anzubieten, die nicht darum gebeten haben und niemals zugeben würden, dass sie Hilfe brauchen. Erst wenn sie selbst an ihre Grenzen stoßen und selbst zum Telefon greifen, um Hilfe zu suchen, wird sich etwas ändern.

Darum sage ich heute: „Hier ist meine Telefonnummer. Sie sollen mich anrufen." Man kann erst etwas tun, wenn jemand selbst gesund werden will.

Ich glaube, ich kann das nicht

Jesus stellt eine ganz einfache Frage, die man mit Ja oder Nein beantworten kann. „Willst du gesund werden?" Doch die Antwort ist weder Ja noch Nein.

„Herr, ich kann nicht", sagte der Kranke, „denn ich habe niemanden, der mich in den Teich trägt, wenn sich das Wasser bewegt. Während ich noch versuche hinzugelangen, steigt immer schon ein anderer vor mir hinein."

(Johannes 5,7)

Jesus erkannte die Situation dieses Mannes, wahrscheinlich während der Behinderte dasaß und zuhörte. Als Jesus ihn also anblickt und fragt, ob er gesund werden möchte, weiß der Mann, dass seine Motive infrage gestellt werden. Und er greift zu einer sattsam bekannten Entschuldigung.

Ich kann nicht.

Das Buch *Happiness is a Choice* („Glück ist eine Sache der Entscheidung") von Frank Minirth und Paul Meier[2] handelt davon, wie man Depressionen überwinden kann. Die Autoren sprechen auch darüber, dass Christen manchmal die Neigung an den Tag legen, „Ich kann nicht" zu sagen, wenn Hindernisse im Weg stehen. Sie erzählen, wie sie innerlich zusammenzucken, wenn ein Patient die Worte *Ich kann nicht* und *Ich habe es versucht* in den Mund nimmt. Die beiden Ärzte bezeichnen das als „lahme Ausrede".

Wenn sie mit einem Mann arbeiten, der sagt: „Ich kann mit meiner Frau einfach nicht auskommen", lassen ihn die beiden Berater den Satz noch einmal neu formulieren: „Ich *will* mit meiner Frau einfach nicht auskommen." Aus dem Satz „Ich kann meine Ausgaben nicht in den Griff bekommen" wird „Ich will meine Ausgaben nicht in den Griff bekommen". Die Autoren glauben: Je früher jemand begreift, welche Rolle der freie Wille spielt, desto schneller wird er bereit sein, sich heilen zu lassen.

Es stimmt schon, dass sich Menschen manchmal hinter den Worten *Ich kann nicht* verstecken. Aber ich möchte noch etwas zu bedenken geben. Wir müssen einräumen, dass in manchen Situationen ein Mensch wirklich und wahrhaftig nicht kann.

Dieses Buch dreht sich darum, an seine eigenen Grenzen zu stoßen, und das ist der Beginn des eigentlichen Abenteuers mit Jesus Christus. Wir können gewisse Entscheidungen treffen, die in diese Richtung gehen, doch es gibt auch Situationen, die uns zwingen zu sagen: „Ich bin mit meinem Latein am Ende. Ich habe getan, was ich konnte, aber ich kann mein Leben einfach nicht ohne Christus führen. Ich kann das Problem meiner Sünde nicht in den Griff bekommen, und ich kann nicht aus eigener Kraft aufstehen und laufen."

Dann müssen wir um Hilfe bitten. Der Mann am Teich war in der Lage, das eine oder andere zu tun. Doch letzten Endes konnte ihm nur Jesus helfen, und es war eine positive, keine negative Aussage, als er Jesus gegenüber meinte: „Ich kann nicht. Aber du kannst."

Das Schwerste überhaupt

Lenny lernte ich in Colorado Springs kennen.

Ich ging gerade zu Fuß zu einem Restaurant in der Nähe meines Hotels. Auf dem Bürgersteig sprach mich ein Mann an, ob ich nicht ein paar Dollar für ihn übrig hätte. Ich sah in meinen Taschen nach, fand eine zusammengefaltete Ein-Dollar-Note und gab sie ihm. „Danke, Mann", entgegnete er.

Als er sich umdrehte, sprach ich ihn noch einmal an. „Würde es Ihnen etwas ausmachen, wenn ich Ihnen ein paar Fragen stelle?"

Lenny (so hieß er nämlich) schenkte mir einen jener Blicke, die man bei *Law & Order* sieht, wenn Ice-T einen potenziellen Informanten befragt: „Ja, aber das kostet dich noch eine Kleinigkeit."

Ich sagte ihm, dass ich nicht mehr Bargeld dabei hatte. Aber er dachte noch einmal nach und beschloss, trotzdem zu kooperieren. Er hatte ohnehin nichts vor. Also ließ er sich auf ein kurzes Gespräch ein.

„Wo wohnen Sie?"

Er ließ seinen Blick die Straße herunter gleiten und schaute mich dann wieder an. „Sie haben es direkt vor Augen."

„Wirklich? Das kann kalt werden in dieser Stadt."

„Ich kenne ein paar Unterkünfte für die kältesten Nächte."

„Wie lange leben Sie denn schon auf der Straße?"

„Ich würde sagen ..." Er machte eine kurze Pause. „Acht Jahre."

Ich dachte darüber nach und fragte: „Und was ist das Schwerste daran?"

Lenny zögerte keine Sekunde. „Um Hilfe zu bitten, Mann. Um Hilfe zu bitten."

Die Antwort traf mich wie ein Schlag. Keine Mahlzeit war für ihn selbstverständlich. Das Wetter stellte andauernd eine Bedrohung dar. Er kannte keine Privatsphäre – mir fielen einige Schwierigkeiten ein, mit denen er zu kämpfen hatte. Für ihn aber war es die größte Hürde, andere um Hilfe zu bitten.

Lenny und ich unterhielten uns noch ein paar Minuten, und er sah, dass ich mich wirklich für sein Leben interessierte. Er sprach darüber, wie es ist, obdachlos zu sein, und schließlich fragte ich ihn: „Wenn es Ihnen so schwerfällt, um Hilfe zu bitten, was hat Sie dann schließlich dazu gebracht, es doch zu tun?"

Er zuckte mit den Achseln. „Ich hatte keine andere Wahl."

Wenn ich über Lenny nachdenke, begreife ich etwas: Wenn ich schließlich zugeben muss, dass ich Hilfe brauche, stoße ich an meine Grenzen.

Der Mann am Teich war noch nicht so weit. Ein paar kalte Nächte in Colorado hätten das vielleicht geändert. Vielleicht war er auch von zu vielen Menschen umgeben, die bereit waren, ihn noch länger dieses Leben führen zu lassen. Jedenfalls sagt er, dass es keinen Menschen gibt, der ihm hilft. Er sagt nicht, dass er keine Hilfe braucht – denn das ist eindeutig der Fall. Er hat einfach keine Helfer. Wann hat er aufgehört zu fragen?

Trotzdem müssen wir einräumen, dass er mit seiner Analyse richtig liegt. Er kann nicht laufen, und deshalb kann er auch nicht das Wasser erreichen, jedenfalls nicht vor den anderen. Zwar mag er aufgehört haben, andere um Hilfe zu bitten, doch zumindest räumt er vor Jesus ein, dass er Hilfe nötig hat. Er weiß, dass er es nicht allein zum Teich schafft.

Natürlich muss Jesus ihm nicht helfen, zum Teich zu kommen. Das lebendige Wasser selbst ist zu diesem Mann gekommen.

Wenn die örtliche Legende wirklich stimmte, dass hin und wieder ein Engel kam, um das Wasser in Bewegung zu setzen, dann handelte dieser Engel jedenfalls völlig willkürlich. Ihm ist es egal, wem er hilft – man kann achtunddreißig Jahre lang nur wenige Meter entfernt vom Wasser sitzen, ohne es jemals rechtzeitig zu erreichen. Da hat man eben Pech gehabt.

Doch bei Jesus ist es anders. In Wirklichkeit war er schon immer die einzige Hoffnung dieses Mannes, wie er auch unsere einzige Hoffnung ist. In gewisser Hinsicht sind wir überrascht, dass Jesus einen Mann heilte, dessen Motive er infrage stellte. Häufig belohnte er einen reinen Glauben mit einer Heilung. Doch in dieser Geschichte machen wir eine aufregende Beobachtung. Dieser Mann hätte wahrscheinlich Hilfe bekommen können. In den vier Jahrzehnten hätte er es doch irgendwie geschafft, in den Teich zu springen. Seine Geschichte wird nur in groben Zügen erzählt. Doch Jesus schüttelt nicht den Kopf und meint: „Du bist nicht würdig." Er heilt den Mann, der trotz seiner lahmen Ausreden weiß, dass er an seine Grenzen gestoßen ist. Jesus kommt zu ihm. Jesus fordert uns nicht auf, ihm lang und breit von uns zu erzählen, damit er uns hilft. Wir müssen ihm nur unsere Hilflosigkeit bringen, und dort, wo wir am Ende sind und an unsere Grenzen stoßen, begegnet er uns.

Wir machen dieselben Fehler wie dieser Mann. Wir schauen auf den Teich. Wir lassen uns von der Menschenmenge mitreißen und gehen in dieselbe Richtung. Wir machen es so wie der Rest der Welt, und dann sind wir meistens enttäuscht, wenn das Leben niemals besser wird. Doch Jesus findet uns dort, und er will uns ein für allemal verändern.

Dieser Mann tut alles, wozu Jesus ihn auffordert. Und zum ersten Mal seit achtunddreißig Jahren steht er auf eigenen Füßen und ist nicht mehr hilflos.

Seine Welt wurde bisher von den fünf Säulenhallen um den Teich begrenzt, doch nun weiten sich diese Grenzen bis zum Horizont. Jetzt kann er alles tun, überall hingehen. Jesus hat ihn angerührt, und nun ist er wirklich frei.

Jesus geht auf zweierlei Art auf die Hilflosigkeit dieses Mannes ein. Zunächst einmal heilt er den Mann durch die Kraft Gottes. Zweitens versetzt er ihn in die Lage, seinem Befehl, aufzustehen und zu gehen, Gehorsam zu leisten.

Wir müssen am Ende sein, an unsere Grenzen stoßen, und bereit sein, auf Jesus zu hören und das zu tun, was er uns sagt.

Jesus sagt: „Steh auf, nimm deine Matte und geh!" (Johannes 5,8). Das sind drei Imperative in einem Satz – für diesen Mann ein Augenblick, der sein Leben verändert, und er ist unmittelbar damit verbunden, dass Jesus ihn auffordert zu handeln. Verstehen Sie mich nicht falsch: Jesus ist es, der ihn heilt. An der Kraft Gottes haben wir keinen Anteil – das ist ein Geschenk des Himmels. Doch Jesus gibt uns immer einen Befehl, dem wir gehorchen können. Er will, dass wir nicht mehr passiv bleiben, sondern aktiv werden. Deshalb kommt er zu uns und sagt: „Steh auf! Mach dein Bett und geh hinaus. Da draußen wartet das Leben auf dich!"

Das gilt für Sie und auch für mich. Die Vergebung unserer Sünden ist nur der Anfang. Er gibt uns die Kraft, aufzustehen, in ein neues Leben zu gehen und jeden neuen Tag in der Kraft des Heiligen Geistes zu leben.

Wir müssen am Ende sein, an unsere Grenzen stoßen, und bereit sein, auf Jesus zu hören und das zu tun, was er uns sagt.

Und die Pharisäer?

Das ist eine Wundergeschichte, und deshalb erwarten wir ein Happy End. In Wirklichkeit aber schließt die Geschichte mit einem Misston.

Der Mann steht nun auf eigenen Füßen. Er ist begeistert und freut sich wie verrückt. Genau wie Jesus ihn aufgefordert hatte, nimmt er seine Matte, um wegzugehen. Einen Moment noch. In den Versen 9 und 10 finden wir heraus, dass es Sabbat ist. Und das bedeutet, wie wir alle wissen, dass bestimmt ein Pharisäer hinter den Büschen lauert und nur darauf wartet, dass jemand einen Fehler begeht und am Sabbat etwas Gutes tut.

Und richtig, die Religionsführer stellen den Mann zur Rede: „Du darfst am Sabbat nicht arbeiten! Es ist gegen das Gesetz, diese Matte herumzutragen"* (Johannes 5,10).

Erstaunlich, oder? Diese Männer kennen das Viertel, kennen diesen Mann und seine Geschichte. Gerade haben sie miterlebt, wie er auf wunderbare Weise geheilt wurde, und jetzt können sie nur herumnörgeln, weil er am Ruhetag seine Matte trägt.

Überall in den Evangelien scheinen sie Leute zu kritisieren, die gerade Wunderbares erlebt haben. Man fragt sich, ob ihr Leben so ereignislos und leer war, dass sie es nicht ertragen konnten, bei anderen Freude und Erlösung zu sehen.

Einmal saß ich mit meiner Mutter im Auto, als wir auf einem anderen Wagen einen Aufkleber mit der Aufschrift „Haters gonna hate" sahen – „Hasser finden immer etwas zu hassen". Meine Mutter ist mit diesem Slang nicht vertraut und bat mich um eine Übersetzung. Ich hätte sie auf diesen Vers in Johannes hinweisen können. Pharisäer finden immer etwas zum phari-*sehen*. Sie sind wie Regenwolken auf der Suche nach einer Grillparty. Jeder ganz normale Mensch, mit Fehlern behaftet wie wir alle, reagiert fast instinktiv, wenn er solch einen wunderbaren Augenblick der Erlösung miterlebt, und ist tief bewegt. Die meisten von uns hätten sich mit diesem Mann gefreut. Die Pharisäer aber hätten diesen Mann am liebsten verhaftet, weil er beim Transport seiner Matte gegen gesetzliche Vorschriften verstieß.

Wenn man heute einem Pharisäer ein YouTube-Video schicken würde, in dem gezeigt wird, wie ein Kätzchen wieder aufgepäppelt wird, würde er die kinematografische Gestaltung kritisieren.

Vor einigen Monaten übergab ein Mann in einem unserer Gottesdienste Christus sein Leben. Zufällig trug er eine Baseballmütze. Im

---

* Hermeneutikübung: Lesen Sie diesen Satz mit der hohen Stimme eines weinerlichen Sechsjährigen.

Foyer sprach mich nach dem Gottesdienst ein Mann an, der sich an der unangemessene Kopfbedeckung stieß. Ehrlich? Das war alles, was er davon mitgenommen hatte?

Bitte sehr, einen Autoaufkleber für Sie, mein Herr.

Wer sich so immun gegen Freude zeigt, ist noch nicht an seine Grenzen gestoßen. Er hat noch nicht erlebt, wie gut die gute Nachricht wirklich ist. Er muss noch einsehen, dass der Sieg eines anderen Menschen gegen die Hoffnungslosigkeit auch sein eigener Sieg ist, weil Christus eben diese Befreiung jedem Menschen anbietet, der bereit ist, Ja zu sagen, aufzustehen und zu gehen. Wenn wir selbst am Ende sind und einen Anfang mit Christus machen, nehmen wir an unseren Siegen gegenseitig Anteil, und es kann vorkommen, dass völlig überraschend eine Party steigt.

Gottes Lieblingszeitpunkt

Es spielt keine Rolle, ob es achtunddreißig Jahre sind, siebenunddreißig Jahre oder nur achtunddreißig Sekunden. Gott kennt keine Zeitbegrenzung. Er kennt überhaupt keine Grenzen. Aber er hat einen Lieblingszeitpunkt, und dieser Zeitpunkt ist *jetzt*.

Warum bitten Sie ihn nicht jetzt um Hilfe?

Gott kennt keine Zeitbegrenzung. Er kennt überhaupt keine Grenzen. Aber er hat einen Lieblingszeitpunkt, und dieser Zeitpunkt ist jetzt.

Vielleicht haben Sie eine leise Stimme im Ohr, die Ihnen zuflüstert: „Das ist nicht der richtige Zeitpunkt." „Es ist zu spät." „Das ist mir viel zu peinlich." „Abwarten und Tee trinken, das wird schon."

Vielleicht gehört einer dieser Stimmen Ihnen selbst. Sie haben Ihren Kurs schon vor langer Zeit eingeschlagen, und inzwischen haben Sie aufgegeben und lassen sich weiter in der alten Richtung treiben. Doch egal, wie lange Sie schon in der falschen Richtung unterwegs sind, wie weit Sie schon hinabgetrieben sind, es gibt keine Grenzen. Jesus kommt zu Ihnen, wenn Sie am Ende sind und an Ihre Grenzen gestoßen sind. Der Mann aus Johannes 5 erfuhr, dass es selbst nach achtunddreißig Jahren nicht zu spät war

Für zwei enge Freunde Jesu, Maria und Marta, wurde die Grenze nicht einmal mit dem Tod überschritten. Sie warteten auf Jesus, doch Lazarus starb noch vor seiner Ankunft. Sie waren sich sicher, dass es nun zu spät war. Doch Jesus ging trotzdem zu Lazarus' Grab, er rief ihn beim Namen und gab ihm einen Befehl, der sehr ähnlich klingt wie der am Teich Bethesda: „Lazarus, komm heraus!" (Johannes 11,43).

Jairus hatte eine zwölfjährige Tochter, die er sehr liebte. Sie lag im Sterben. Jesus hatte sich auf den Weg zu ihm gemacht, als ihm einige von Jairus' Dienern mit der Botschaft entgegen kamen: „Du brauchst nicht mehr zu kommen. Sie ist gerade gestorben." Jesus aber sagte Jairus, dass er keine Angst haben, sondern glauben solle. Mit anderen Worten: *Bleib nicht auf deiner Matte liegen. Steh auf. Geh.* Und Jesus weckte die Tochter von den Toten auf. Statt einer Trauerfeier gab es eine Party.

Die Jünger hatten die ganze Nacht gefischt und nichts gefangen. Leere Netze bedeuteten keine Einnahmen und nichts zu essen. Die Jünger mussten zugeben, dass sie hilflos waren. In der Fischerei kannten sie sich aus, und trotzdem hatten sie nach stundenlanger, anstrengender Arbeit nichts vorzuweisen. Dann kam Jesus und forderte sie auf, die Netze noch einmal auf der anderen Seite auszuwerfen. Bald waren sie übervoll. Jesus sagt uns: *Versucht es noch einmal – aber dieses Mal in meiner Kraft. Es ist nie zu spät.*

Jesus wurde zusammen mit einem Dieb gekreuzigt. Wer am Kreuz hängt, ist völlig hilflos: Man hat ihm Nägel durch die Arm- und Fußgelenke getrieben, er kann kaum noch atmen. Das Sterben zieht sich hin, während die Leute ringsum zuschauen und den Delinquenten verfluchen. Jesus und ein Verbrecher gehen zusammen von dieser Welt. Und der Dieb bat Jesus um Hilfe, weil er irgendwie verstanden hatte, dass es noch nicht zu spät war.

Jesus versprach ihm sofort, dass er in den Himmel kommen würde. Dieser Mann hatte sicherlich ein furchtbares Leben geführt, und in dem winzigen, allerletzten Bruchteil seines Leben, einen Augenblick bevor er sein Leben aushaucht, spricht Jesus ihm zu: „Ich vergebe dir. Geh ein in die Gegenwart des Vaters. Ewige Liebe und Fülle erwarten dich dort, du kannst dir das gar nicht vorstellen. Steh auf von deinem Kreuz. Erhebe dich von den Toten und fang wieder an zu laufen. Wir gehen zusammen."

Je hilfloser Sie sind, desto besser – denn desto offener sind Sie für die Hilfe, die nur er Ihnen anbieten kann.

All diese Menschen hätten die Einladung Jesu ablehnen können, als er sie aufforderte, es noch einmal zu versuchen. Aufzustehen. Zu glauben und zu gehorchen. Sich von der Matte zu erheben, aus der Grabhöhle, vom Kreuz, aus ihrer Verzweiflung. Wieder zu gehen.

Es ist nie zu spät, und es ist auch noch nie zu spät gewesen. Und niemals gab es einen besseren Zeitpunkt, einen vollkommeneren Zeitpunkt als gerade jetzt. Jetzt möchte er Ihnen begegnen.

Das Leben, das Sie führen, ist nicht das Leben, das Sie so hinnehmen müssen. Sie müssen nur um Hilfe bitten. Je hilfloser Sie sind, desto besser – denn desto offener sind Sie für die Hilfe, die nur er Ihnen anbieten kann. Er begegnet Ihnen genau dort, wo Sie am Ende sind und an Ihre Grenzen stoßen.

Kapitel 7

Unqualifizierte Bewerber

Ist Ihnen schon einmal so etwas passiert? Ein Freund führt Sie in seinem Zuhause herum, und Sie gehen an einem Klavier vorbei. Sie fragen: „Wer spielt denn hier Klavier?" Ihr Freund setzt sich hin und trägt eine Rhapsodie von Rachmaninoff vor. Als er Sie fragt, ob Sie auch ein Instrument spielen, beschließen Sie, lieber nicht zu erwähnen, dass Sie in der vierten und fünften Klasse gar keine schlechte Figur an der Blockflöte★ machten.

Wenn Sie sich das nächste Mal wie ein talentfreier Nichtsnutz fühlen, habe ich einen Vorschlag. Nehmen Sie sich gescheiterte Bewerbungen vor und lesen Sie sie. Im Internet habe ich ein ganzes Archiv davon gefunden. Ich möchte am liebsten glauben, dass das diese Leute nur zum Spaß gemacht haben. Ehrlich, das würde ich gern glauben.

Ein Bewerber fügte zum Beispiel ein von seiner Mutter verfasstes Motivationsschreiben bei. Ein anderer hatte auf die Frage, warum er die Stelle gerne haben würde, geantwortet: „Um meinen Bewährungshelfer bei Laune zu halten." Und einer sollte seine schulischen Leistungen aufzählen und prahlte damit, dass er „zu den besten 85 Prozent meiner Klasse" gehörte.★★

Noch viele andere persönliche Leistungen wurden aufgeführt. „Habe bisher fünfzig Liter Blut gespendet", teilte jemand mit. Einer anderer fand es wichtig, die „fließende Beherrschung vieler Fremd-*Akzente*" zu erwähnen.

Und wie sieht es mit beruflichen Qualifikationen aus? Eine Frau machte geltend, dass „meine Zwillingsschwester einen Abschluss als

---

★ Das sind diese kleinen Plastikklarinetten aus der Grundschule, die Eltern auf die Nerven gehen.
★★ Für diejenigen unter Ihnen, die nicht zu den besten 85 Prozent zählen, hier die Erklärung: Er sagte damit, dass er zu den schlechtesten 15 Prozent gehörte. Wenn Sie noch etwas verwirrt, melden Sie sich einfach.

Buchhalterin hat, deshalb weiß ich, dass ich gut mit Zahlen umgehen kann".

Referenzen? „Bill, Tom und Eric." Das war's.

Frühere Arbeitgeber? „Mama."

Manchmal gibt der Lebenslauf einfach nicht viel her, und da macht man am besten gute Miene zum bösen Spiel. Es ist schon hart, wenn man genau weiß, dass man nicht qualifiziert ist. Wer eine Stelle sucht, muss berufliche Erfahrungen und einen Abschluss vorweisen und auch mit seiner Person überzeugen.

Die meisten von uns würden gern einmal die Erfahrung machen, Gott auf irgendeine bedeutsame Weise zu dienen. Wahrscheinlich haben wir sogar schon eine Vorstellung davon, wie das aussehen könnte. Versuchen Sie einmal, diesen Satz zu vervollständigen:

Mehr als alles andere wünsche ich mir, dass Gott mich gebraucht, um _____ .

Ich dachte mir, es könnte interessant sein, das einmal in den sozialen Netzwerken auszuprobieren. Also postete ich diesen Satz auf Facebook und Twitter. Hier einige der Antworten.

Mehr als alles andere wünsche ich mir, dass Gott mich gebraucht:

- um meiner Familie von Jesus zu erzählen.
- um den Ärzten, die mich wegen meiner Krebserkrankung behandeln, zu zeigen, dass Jesus wirklich etwas verändern kann.
- um den Pflegekindern in meiner Stadt zu zeigen, dass Gott sie liebt.
- um Abhängigen zu helfen, ihre Sucht zu überwinden.
- um Frauen aus der Pornoindustrie zu retten.
- um Babys vor der Abtreibung zu bewahren.
- um meinem Nachbarn von Jesus zu erzählen.
- dass ich als alleinerziehende Mutter meine Jungen so großziehe, dass sie eines Tages die Welt verändern.
- um neue Gemeinden in Osteuropa zu gründen.
- um unter Häftlingen zu evangelisieren.

- um meine Enkel zu Jüngern zu machen.
- um Kinder aus der Prostitution herauszuholen.
- um in meinem Viertel zu evangelisieren.
- um meinem Mann zu zeigen, dass Jesus mein Leben verändert hat.

Ich wünschte, ich hätte genug Platz, um all die guten Gedanken hier wiederzugeben. Diese Menschen wollten sich wirklich für Gott einsetzen. Trotzdem hätte ich gerne jeden Einzelnen von ihnen gefragt: „Wie kommst du denn damit voran?"

Ich kann mir vorstellen, dass manche von ihnen auf einem guten Weg sind. Andere aber träumen nur mit einer gewissen Sehnsucht davon. Sie fühlen sich der Aufgabe nicht gewachsen. Sie glauben nicht, dass sie dafür qualifiziert sind. Und wo stehen Sie?

Sie melden sich, aber Gott nimmt Sie nicht dran - das glauben Sie jedenfalls.

Sie wollen unbedingt mithelfen. Sie melden sich, aber Gott nimmt Sie nicht dran – das glauben Sie jedenfalls. Vielleicht sind Sie nicht qualifiziert, weil Ihnen bestimmte Voraussetzungen fehlen oder weil Ihre Lebenssituation es unmöglich macht. Sie schauen in den Spiegel und sagen sich: „Gott sucht bestimmt jemand anders für diese Aufgabe aus."

Aber was würde er sagen? Schauen wir uns einmal an, wie er mit Bewerbern in der Vergangenheit umgegangen ist.

Erblindet

In diesem Buch haben wir von Begegnungen mit Christus gehört, von Menschen in den Evangelien, deren Wege Jesus kreuzte. Wir haben gesehen, wie er Menschen begegnet, die an ihre Grenzen gestoßen sind, und wie er ihnen einen neuen Anfang schenkt.

In der Apostelgeschichte gibt es eine bekannte Geschichte, vielleicht die intensivste Jesusbegegnung des gesamten Neuen Testaments, und sie steht nicht einmal in den Evangelien.

Der Mann hieß Saulus und tritt zum ersten Mal in Apostelgeschichte 8 auf. Zu Anfang der Apostelgeschichte spielen Petrus, Johannes und andere die Hauptrolle, doch sobald Paulus die Szene betritt, ist hauptsächlich von ihm die Rede. Aus seiner Feder stammen auch weite Teile des Neuen Testaments. Diese Begegnung hatte tiefe Spuren hinterlassen.

Vor dieser Jesusbegegnung hören wir nur wenig von Saulus. Ein dynamischer Christ namens Stephanus wird vom Mob aus der Stadt geschleppt und gesteinigt. „Die amtlichen Zeugen der Hinrichtung zogen ihre Mäntel aus und legten sie zu Füßen eines jungen Mannes mit Namen Saulus nieder" (Vers 58). Nur ein kleiner Auftritt, ein Gesicht in der Menge.

Lukas, der Verfasser der Apostelgeschichte, macht ganz deutlich, auf wessen Seite Saulus stand. Er war mit der Steinigung einverstanden. Das nächste Kapitel sollte uns also nicht überraschen. Einige Zeit ist vergangen, und Saulus führt den Mob an. Wir erfahren, dass Saulus „versuchte, die Gemeinde mit allen Mitteln zu vernichten. Er ging von Haus zu Haus und zerrte Männer und Frauen heraus und ließ sie ins Gefängnis werfen" (8,3). Er ist nicht nur gegen das Christentum eingestellt. Lukas sagt uns, dass er die Gemeinde zerstörte, Haus für Haus. Er ist ein antichristlicher Terrorist und versucht, den neuen Glauben mit Stumpf und Stiel auszurotten, bevor er Wurzeln schlagen kann.

Vor Saulus hatte noch niemand versucht, die Jesus-Bewegung auszulöschen. Er ist der erste Erzfeind des Christentums. Dann kommt Apostelgeschichte 9. Markige Worte: „Saulus aber schnaubte immer noch Drohung und Mord gegen die Jünger des Herrn" (Vers 1; ELB). Als er hört, dass die Jesus-Bewegung sich auch in Damaskus verbreitet hat, sucht er den Hohepriester auf und bittet ihn um Papiere, damit er die Christen auch dort verfolgen kann. Er will sich einen Trupp zusammenstellen und Gefangene machen.

Doch wie in Apostelgeschichte 9,3-9 berichtet, nimmt die Geschichte eine unerwartete Wendung, nicht nur für Saulus, sondern für die ganze Welt.

Damaskus ist sechs Tagesmärsche entfernt. Saulus hat die Stadt schon fast erreicht, als er von einem hellen Licht geblendet wird und zu Boden fällt. Geblendet im Sinne vom „blind machend". Jemand ruft ihn beim Namen und fragt: „Warum verfolgst du mich?" „Wer bist du?", fragt Saulus.

„Ich bin Jesus", entgegnet die Stimme. Sie befiehlt ihm aufzustehen, in die Stadt zu gehen und weitere Anweisungen abzuwarten. Vergessen Sie nicht, Saulus wurde von einem ganzen Trupp begleitet, und sie alle haben die Stimme gehört, jedoch nichts gesehen. Doch ihr Anführer ist völlig blind. Diesen hochmütigen Menschenjäger müssen sie in die Stadt begleiten, in der er Christen gefangen nehmen wollte.

Dass Gott diesen Mann zu Boden stürzen lässt, hätte wir ja noch erwartet – aber dann hätte er ihn auch gleich ganz erledigen können. Vergebung? Das würde uns schon überraschen. Doch Gott geht noch darüber hinaus. Er nimmt Saulus beiseite und erfindet ihn neu als Anführer der christlichen Bewegung. Er wird der erste Evangelist, der über die jüdischen Kreise hinaus evangelisiert, und der erste große Theologe der Christenheit.

Wenn sich jemand als Leiter völlig disqualifiziert hätte, dann doch wohl ein Mann, der Gläubige ermordet und Razzias unter Christen organisiert hatte, oder?

Nicht, dass Jesus Paulus *gebraucht* hätte. Der Bewegung schlossen sich schon Neubekehrte an, und auch Leiter waren da. Nein, Gott hatte einen besonderen Plan. Wir müssen daraus schließen, dass er damit eine Botschaft übermittelte.

Worum ging es in dieser Botschaft – und was bedeutet sie für Sie und mich?

Verpasste Chancen?

Natürlich, ich gebe zu, dass Saulus/Paulus eine Ausnahme darstellt, die unseren landläufigen Erwartungen widerspricht. Es ist so, als würde man die Arche Noah als Beispiel für einen Familienurlaub heranziehen. Saulus, aus dem ein Paulus wurde, war kein alltäglicher Typ wie Sie und ich. Er war eine bemerkenswerte Gestalt, vor und nach seiner Bekehrung – ein geborener Anführer. Doch man kann mit einigem Recht fragen, was Gott uns sagen wollte, als er absichtlich den ungeeignetsten Kandidaten auf der ganzen Erde für die wichtigste Aufgabe auf der Erde aussuchte. Welche Regeln gelten denn, ob man nun für den Dienst qualifiziert ist oder nicht?

Offenbar haben viele Menschen das Gefühl, dass die Maßstäbe sehr hoch liegen und niemals aufgeweicht werden. Sie würden Gott gerne dienen, fühlen sich jedoch nicht dafür qualifiziert. Ich fordere Menschen dazu auf, in ihrer Ehe, im Umgang mit ihren Kindern, in der Nachbarschaft und am Arbeitsplatz Christus ähnlicher zu werden. Es gibt eine ganze Reihe von Gründen, warum die Menschen auf diesen Aufruf nicht reagieren. Oft höre ich: „Ich habe meine Chance verpasst."

Das ist ein Zeitargument. Die Uhr ist abgelaufen. Wenn wir ein Video unserer Vergangenheit abspielen, sehen wir, wo wir etwas Großes hätten vollbringen können, aber die Chance haben wir uns entgehen lassen. Das Spiel ist abgepfiffen.

Chris Redman ist ein Freund von mir, der früher an der University of Louisville als Quarterback einige Rekorde hinlegte und dann in der NFL Karriere machte. Neulich fragte ich ihn, was er davon hält, wenn ich in der nächsten Saison als Quarterback einsteige. In der NFL natürlich, der höchsten Football-Liga. Ich mag Herausforderungen.

Seinem spontanen Lachanfall nach zu urteilen, nahm er mich nicht ernst. Ich fragte ihn, ob er vielleicht meinte, dass das Spiel für mich zu ruppig ist.

„Nein, das nicht", entgegnete er.

„Gut, denn ich kann ganz schön was einstecken. Football ist mir nicht zu ruppig."

„Weiß ich, und du würdest auch ganz schön was abkriegen, gleich im ersten Spiel. Du würdest dir Knochen brechen, von denen du nicht einmal wusstest, dass du sie hast, aber die Brüche würden heilen. Körperlich."

„Also worum geht's eigentlich?"

„Du wärst den Rest deines Lebens ein emotionales Wrack. Die Verteidiger würden dich in deinen Träumen heimsuchen. Und wenn dein Sohn dir den Football reicht, weil er mit dir spielen will, würdest du schreiend aus dem Haus laufen."

Ich muss zugeben, dass er recht haben könnte. Heute bin ich Ende dreißig und habe noch nie beim Superbowl mitgemacht. Vielleicht hätte ich es schaffen können. Das wurde schon in der Kindermannschaft deutlich, wo ich gezeigt habe, was ich drauf habe.** Chris Redman hatte mich einer Musterung unterzogen und glaubte, dass der Zug für mich abgefahren war. Ich bin ziemlich sicher, dass der Zug seiner Meinung nach noch im Bahnhof entgleist war.

Wie traurig, wenn manche von uns glauben, Gott schaut uns an und sieht nur ein abgelaufenes Haltbarkeitsdatum.

Mein Sohn ist neun. Wir haben die Football-Endspiele in diesem Jahr gemeinsam in Fernsehen geschaut, und ich merkte, dass wir beide eine völlig unterschiedliche Einstellung dazu haben. Für ihn ist es eine mögliche Laufbahn. Vielleicht spielt er eines Tages im Superbowl; er hat die Zukunft noch vor sich. Ich dagegen sage mir: *Ist das wirklich erst das zweite Viertel? Ich würde mich jetzt gern aufs Ohr hauen.* Ihm stehen endlose Möglichkeiten offen. Mir steht nur die Chipstüte neben mir offen.

Aber was geschieht, wenn wir diese Haltung auf unser ganzes Leben übertragen? Wenn wir uns unser Leben anschauen und uns selbst disqualifizieren? Was wäre, wenn

---

* Mein Sohn, jedes Team braucht einen Manager. Das ist eine wichtige Aufgabe, und du bringst alles mit, was man dazu braucht." – Stan (mein Trainer in der Kindermannschaft)

- es in der Ehe kriselt, und sie sich sagt: *Zu spät. Wir haben unsere Chance verpasst.*

- Ihre Kinder schlechte Entscheidungen treffen und Sie eingreifen wollen, aber schon voraussehen, dass sie nicht auf Sie hören werden. Sie sind Ihrer Elternrolle nicht gerecht geworden. Die Kinder sind erwachsen geworden, bevor Sie begriffen haben, was Sache ist.

- Sie sehen, dass Ihr Nachbar nach Antworten sucht und Sie wissen, wo man Sie finden kann. Aber Sie erzählen bestimmt das Falsche, sagen Sie sich. Nur die richtig coolen Leute in Ihrer Gemeinde bekommen das hin.

- Sie glauben, Sie sollten sich einmal mit Ihrem Vorgesetzten am Arbeitsplatz treffen. Sie haben ein paar Ideen, wie man bestimmte Dinge verbessern könnte. Aber das trauen Sie sich nicht – für wen halten Sie sich denn, dass Sie glauben, Sie könnten hier etwas verändern?

Sie ziehen die Milchtüte aus dem Kühlschrank und schauen aufs Ablaufdatum: 7. Januar. Nichts ist nutzloser als verdorbene Milch. Sie riecht schauderhaft und schmeckt noch schauderhafter. Vor ein paar Tagen noch hätte man sich damit eine schöne Schüssel Cornflakes machen können. Aber jetzt können Sie sie nur noch wegschütten.

Wie traurig, wenn manche von uns glauben, Gott schaut uns an und sieht nur ein abgelaufenes Haltbarkeitsdatum.

„Du willst mich nicht"

Wenn ich mit Menschen darüber spreche, wie sie Gott dienen können, finde ich die folgende Antwort besonders traurig: „Gott will mich nicht. Nicht nach allem, was ich getan habe."

Sie gehen davon aus, dass Gott sich so verhält wie manche Menschen, die sie kennen. Er schreibt uns ab. Er hegt einen Groll gegen uns. Seinen Maßstäben werden wir nie gerecht. Wir haben viele Fehler, sind oft gescheitert, und unser Ruf ist ein für alle Mal verdorben.

Meinen Sie nicht auch, dass Petrus sich so gefühlt haben muss? Das ist ein Mann, den Jesus persönlich erwählt hatte, und er hatte viel Zeit mit ihm verbracht. Es musste doch etwas bedeuten, wenn Jesus ihn den Fels nannte – welcher Mann würde diesen Namen nicht gerne tragen?

Doch nachdem Petrus *genau* das getan hatte, was Jesus vorhergesagt hatte, und ihn in einer Krisensituation verleugnet hatte, zog er sich wieder ins Privatleben zurück und glaubte, Jesus habe ihn von der Liste gestrichen. Jesus hatte ihm mit deutlichen Worten gesagt, dass er scheitern würde. Warum nur? Petrus dachte sich vielleicht, Jesus hätte ihm damit zu verstehen gegeben: „Du wirst es nicht schaffen. Pass auf, in ein paar Stunden vermasselst du alles."

Petrus ging fischen. Ein anderes Leben kannte er nicht. *Das war's dann für mich. Ich hatte die Chance und hab sie vertan.* Frühmorgens im Boot dachte er darüber nach, wie er mit all seinen Träumen Schiffbruch erlitten hatte. Jesus hatte ihn für geeignet gehalten, und das war ein Wunder. Dann hatte er sich selbst disqualifiziert, und das war eine Tragödie.

Er blickte auf und sah eine Gestalt am Ufer stehen. Kaum zu glauben, aber das war Jesus, der ihm zuwinkte und ihm sagte, dass es etwas zu tun gebe, und was machte er eigentlich draußen auf dem See in seinem Boot? *Ich habe dich nach wie vor erwählt.*

Und Mose? Er war als Prinz erzogen worden. Die Welt lag ihm zu Füßen. Doch sein Temperament ging mit ihm durch, er tötete einen Soldaten und floh ins Exil. Vom ägyptischen Prinzen zum Schafhirten, einfach so. Jahrzehnte vergingen. Er heiratete und lebte einfach weiter wie bisher. Gott auch, so stellte er sich das vor. Dann sah er ein helles Licht – einen Busch in Flammen, und er hörte eine Stimme. *Ich habe dich nach wie vor erwählt.*

Matthäus saß in seinem Zollhäuschen. Angehörige seines eigenen Volks hatte er betrogen, um mit den Römern zu kollaborieren. Seine

Selbstachtung und seinen guten Namen hatte er gegen eine Handvoll Goldmünzen eingetauscht. Ein schlechter Deal! Das wusste er jetzt. Aus seiner Einsamkeit konnte er sich nicht freikaufen.

Dann kam der Lehrer, der Heiler vorbei und sagte: „Folge mir nach." *Egal, was du getan hast, ich erwähle dich.*

Ich bin mir sicher, dass diese Menschen alle eine Stimme im Ohr hatten, die die Vergangenheit wieder aufwühlen wollte. „Was hast du dir denn dabei gedacht, Petrus?" „Du bist jetzt weg vom Fenster, Mose." „Selbst schuld, Matthäus!" Nur allzu gern erinnern wir andere an ihr Versagen. Vielleicht fühlen wir uns selbst mit unseren eigenen Fehlern besser, wenn wir mit dem Finger auf andere zeigen. Wir führen Buch darüber und aktualisieren täglich die Einträge.

Das kann man gar nicht vermeiden. Das Problem ist, dass wir auf diese Stimmen hören. Wir nehmen sie uns zu Herzen.

An meine Grenzen zu stoßen, bedeutet auch zuzulassen, dass Jesus mich von meinen Schuldgefühlen und meiner Scham angesichts der Vergangenheit befreit.

Manchmal bekomme ich aufgrund der Liste mit meinen Fehlern Probleme bei uns zu Hause. Andere Ehemänner kennen das vielleicht auch. Sagen wir einfach, Sie waren wirklich nicht schuld. Manchmal frisst der Hund tatsächlich die Hausaufgaben – warum ist das denn so schwer zu akzeptieren? Doch Ihre rationalen Erklärungen werden einfach weggewischt. Sie sind schuldig, bis Sie Ihre Unschuld beweisen können.

Vielleicht (und ich führe das hier nur als Fallbeispiel an) kommen Sie von der Arbeit nach Hause und Ihre Frau möchte wissen, wo Sie die Fernbedienung für den Fernseher versteckt haben. Hinter dieser Frage verbergen sich ja schon einige Vorannahmen, oder? Es gibt keine Beweise, dass Sie daran schuld sind. *Jeder* hätte ins Haus eindringen und die Fernbedienung verstecken können. Hat sie einen DNA-Test durchgeführt? Zeugen befragt?

Das ist natürlich nur ein ganz zufällig gewähltes Beispiel, weil Sie ganz genau wissen, dass Sie die Fernbedienung *nicht* versteckt haben, vor allen Dingen, weil Sie sie seit Menschengedenken nicht benutzt haben. Doch weil Sie sich in der Vergangenheit schuldig gemacht haben und daraufhin verurteilt wurden, hören Sie auf Ihr inneres Ich-bin-nicht-gut-genug-Megafon, statt sich in einem fairen Verfahren zu verteidigen. Und bevor Sie sich versehen, sind Sie überzeugt, ein schlechter Ehemann zu sein. Sie nehmen Ihre Führungsrolle nur mangelhaft wahr. Sie verdienen die Brötchen und halten ansonsten den Mund, und außerdem haben Sie Probleme mit der Fernbedienung. Sie sind wie gelähmt, obwohl Sie sicher sind, dass derjenige, der für das Verschwinden der Fernbedienung wirklich verantwortlich ist, in diesem Augenblick weitere elektronische Geräte stehlen könnte.

An meine Grenzen zu stoßen, bedeutet auch zuzulassen, dass Jesus mich von meinen Schuldgefühlen und meiner Scham angesichts der Vergangenheit befreit. Er vernichtet die alten Listen, auf der meine Fehler verzeichnet sind, und bietet mir an, einen neuen Anfang zu machen und ein neues Ziel ins Auge zu fassen.

„Das vergessen die nicht"

Es fällt uns manchmal schwer, anderen zu vergeben. Und so schwer uns Vergebung auch fallen mag, zu vergessen ist noch schwerer. Durch Christus weigert sich Gott, unsere Vergangenheit anzuschauen. Das ist alles in Ordnung gebracht, alles wurde bezahlt. Gott will, dass wir vergessen, was hinter uns liegt, und vorwärtsgehen. Aber das ist Gott. Für uns Sterbliche ist es nicht so einfach, auch wenn wir berufen sind, nach derselben Maxime zu leben.

Auch diejenigen von uns, die sich Gedanken machen, was die anderen von uns denken, müssen vorwärtsgehen, auch wenn wir nicht genau wissen, wie gut wir dann bei den anderen angeschrieben sind. Gott bestimmt über ihre Zukunft, nicht andere. Wenn er sagt, dass Sie sich auf den Weg machen sollen, gehen Sie los. Es könnte sein, dass Sie die Zweifler widerlegen und ihnen etwas über Gottes Gnade beibringen.

Paulus stammte aus einer Kultur mit einem eintausendjährigen Ge-
dächtnis. Sein Volk erinnerte sich an alles, was ihre Geschichte, ihre
Helden und auch ihre Feinde betraf. Keine andere Kultur im Umkreis
maß der Vergangenheit mehr Gewicht bei. Natürlich erinnerten sie
sich auch an alles, was Paulus kurz vorher getan hatte. Können Sie sich
vorstellen, wie ihre erste Reaktion aussah, als er mit einem breiten
Lächeln bei ihnen auftauchte und ihnen erklärte, dass er jetzt auch
dazugehörte?

Ich vermute stark, dass er im Gottesdienst eine ganze Bank für sich
allein hatte. Dieser Mann war ein Henker, und das Blut an seinen
Händen war noch nicht getrocknet. Und da gab es noch etwas – wie-
so sollte er für den Dienst geeignet sein, wenn so viele Gläubige Jesus tatsächlich von Angesicht zu Angesicht kennengelernt, die junge
Kirche mit aufgebaut und über die Lehre des Meisters schon länger
nachgedacht hatten?

In Apostelgeschichte 9 lesen wir, dass Paulus still in Damaskus he-
rumsitzt, blind und mit Sicherheit verwirrt. Sein Leben hatte eine ganz
neue Richtung genommen. Und nun wird Hananias, ein Mitglied
der örtlichen Gemeinde, vom Herrn aufgefordert, Paulus aufzusuchen
und ihm die Hände aufzulegen. Viele Christen hätten den alten Saulus viel lieber mit ihren Händen verprügelt, nach allem, was er ihnen
angetan hatte. Es ist also nicht überraschend, wie Hananias reagiert:

> „Aber, Herr", rief Hananias aus, „ich habe gehört, wie viel
> Schlimmes dieser Mann den Gläubigen in Jerusalem angetan
> hat! Und er hat von den obersten Priestern die Vollmacht er-
> halten, alle hier zu verhaften, die deinen Namen anrufen."
> (Vers 13-14)

Im nächsten Vers erwidert Gott: „Geh und tu, was ich sage. Saulus
ist mein auserwähltes Werkzeug. Er soll meine Botschaft den Völkern
und Königen bringen und auch dem Volk Israel."

Hananias war ein Mensch. Er konnte gar nicht anders, als die Vergangenheit mit in Betracht zu ziehen. Doch Gott forderte ihn auf, zu glauben und gehorsam zu sein. Sein Plan und sein Willen allein zählen, denn praktisch alles, was er uns lehrt, stellt unsere Vorstellungen auf den Kopf.

Ich gestalte auch Trauerfeiern, hin und wieder für Menschen mit einem v. Chr. und einem n. Chr. in ihrem Leben – zum Beispiel, wenn jemand einen bestimmten Lebensstil hatte, bis er Christus kennenlernte und sich sein Leben dann veränderte. Bei solch einer Beerdigung sind auch immer Gäste dabei, die nur sein altes Leben kannten. Deshalb höre ich Vor-Christus- und Nach-Christus-Geschichten.

Frank starb mit Mitte fünfzig an einem Herzinfarkt. Er hatte einen starken Glauben, liebte seine Familie und lebte jeden Tag für Christus. Seine Familie wollte in der Trauerfeier Raum dafür geben, dass jeder, der wollte, ein paar Worte sagen oder eine Geschichte erzählen konnte.

Rein menschlich gesehen mag ich so etwas. Aber als jemand, der die Feier plant, sitze ich manchmal auf glühenden Kohlen, weil ich nie weiß, was jemand zum Besten geben wird.

In diesem Fall kamen einige von Franks alten Collegefreunden nach vorn ans Mikrofon und erzählten, wie sehr sie es immer genossen hatten, sich mit Frank zu betrinken und wie gern er auf Partys ging. Einer sagte: „Bei Autos war er immer sehr wählerisch, bei Mädchen aber nicht." Unnötig zu sagen, dass sie Frank jahrelang nicht gesehen hatten. Die alten Freunde erzählten immer weiter munter Einzelheiten, von denen ich wusste, dass sie seiner Familie wehtun mussten.

Ich hatte inzwischen den Plan gefasst, nach vorn zu gehen und kurz zu erklären, dass Christus alles verändert und die Vergangenheit nicht mehr zählt. Doch Franks Schwager war schneller. Er sagte: „Wir wissen alle, dass Frank vor ein paar Tagen gestorben ist. Aber der Frank, den ihr hier eben geschildert habt, ist schon vor vielen Jahren gestorben."

Viele Menschen würden sich selbst wegen ihrer Vergangenheit als ungeeignet betrachten, Gott zu dienen. Paulus ging das nicht so, und Frank auch nicht. Wie steht es mit Ihnen?

„Ich habe meinen guten Namen entehrt"

Genau aus diesem Grund hat Gott Menschen oft einen neuen Namen gegeben – aus Simon wurde Petrus, aus Jakob Israel, aus Saulus Paulus. Aus ihnen waren neue Menschen mit einem neuen Leben geworden. Jesus hatte Saulus vergeben, ihm seine Verbrechen verziehen, und nun war er innerlich frei, Paulus zu werden, ein von Grund auf anderer Mann. Sein Lebenslauf zählte nicht mehr, nur noch eine Qualifikation spielte eine Rolle, dass Gott nämlich gesagt hatte: „Ich erwähle dich."

Welche Altlast schleppen Sie noch mit sich herum? Ehebruch? Reden Sie mit König David. Lügen? Täuschung? Abraham und Isaak können davon auch etwas erzählen. Eine dunkle Vergangenheit? Gott erwählte Rahab, eine Prostituierte. Jähzorn und ein Temperament, das manchmal mit Ihnen durchgeht? Jakobus und Johannes hatten trotzdem ihren Platz in Gottes Plan. Sind Sie schon einmal eine Reihe von unglücklichen Beziehungen eingegangen? Die Frau am Brunnen wusste genau, wie das ist, und Gott schickte Jesus mit einer Botschaft zu ihr, die nur für sie bestimmt war.

> **Unser gesamter Glaube baut darauf auf, dass Gott durch das verherrlicht wird, was für alle anderen nach Niederlage und Scheitern aussieht.**

Vielleicht sind Sie heute an der Reihe. Jesus hat eine Botschaft für Sie. Sie hat nichts mit Ihren Qualifikationen zu tun. Sie hat damit zu tun, dass Sie an Ihre Grenzen stoßen sollen, denn dann kann Gott Sie auf die beste Art und Weise gebrauchen. Sie selbst können nichts dazu beitragen; *er erwählt Sie durch seine Gnade.*

Es kann sogar vorkommen, dass irgendein Problem Sie noch zurückhält und dieses Problem genau das ist, was Gott gebrauchen will. Das ist sogar eine von Gottes bevorzugten Strategien. Was Sie eigentlich disqualifizieren müsste, qualifiziert Sie für den Dienst. Was würden Sie auch anderes von ihm erwarten, wenn Sie sich näher angeschaut haben, was er lehrt?

Chuck Colson hatte das verstanden. Ein guter Ruf, Leistung, Bedeutung: Das war das Fundament, auf das er sein Leben gebaut hatte. Er arbeitete für mehrere US-Präsidenten. Er bewegte sich in den höchsten Zirkeln der Macht. Doch nachdem er aufgrund seiner Rolle im Watergate-Skandal eine Haftstrafe antreten musste, glaubte er, dass nun alles vorbei sei. Was er für seine wichtigsten Qualifikationen gehalten hatte, war nur noch ein Scherbenhaufen. Sein „guter Ruf" war zur Zielscheibe von Witzen in den Late-Night-Shows geworden. Doch als er am Ende war, fing Gott gerade an. Colson schildert es so:

Das große Paradoxon [meines Lebens] liegt darin, dass ich jedes Mal, wenn ich ein Gefängnis betrete und die Gesichter der Männer oder Frauen sehe, die durch die Kraft des lebendigen Gottes verändert wurden, eines begreife: Gott hat sich nicht entschieden, ... meine Erfolge, Leistungen, Abschlüsse, Ehrungen, Preise oder Fälle, die ich vor dem Obersten Gerichtshof gewonnen haben, zu gebrauchen. Diese Dinge in meinem Leben gebraucht Gott nicht. Was er in meinem Leben gebraucht, um buchstäblich Tausende von Menschen anzurühren, ist die Tatsache, dass ich verurteilt wurde und ins Gefängnis ging. Das war meine große Niederlage, die einzige Sache in meinem Leben, die nicht von Erfolg gekrönt war.[1]

In 1. Korinther 1,18 schrieb Paulus, dass die Botschaft vom Kreuz für den Rest der Welt unsinnig klingt, Nachfolger Christi sie aber als Kraft Gottes erkennen. Mit anderen Worten: Unser gesamter Glaube baut darauf auf, dass Gott durch das verherrlicht wird, was für alle anderen nach Niederlage und Scheitern aussieht.

Paulus sprach vom Kreuz, damals einem Symbol der Schande und Erniedrigung. Die Römer richteten Diebe und Mörder am Kreuz hin. Dann benutzten die Christen das Kreuz als Symbol für die Macht Gottes. Warum sollte irgendjemand so etwas tun? Weil es Weisheit ist. Weil alles, was wir bisher gewusst hatten, falsch ist.

Wo ich am Ende bin, wo ich in der Gosse lande, dort begegne

ich Gott in seiner Macht, der mich erlöst. Er wird verherrlicht durch Colsons Haftzeit, durch Saulus, der Christen verfolgte, die Kirche vernichten wollte und dann die Evangelisierung der damals bekannten Welt vorantrieb.

Welcher Punkt disqualifiziert Sie für den Dienst? Wie wird Gott ihn gebrauchen?

„Ich bin noch nicht bereit"

Sie haben das alles gehört und nicken beifällig. Natürlich, das ist alles richtig. Gegen das, was in der Bibel steht und was Gott in der nachbiblischen Zeit getan hat, kann man nichts einwenden – er kann jeden Menschen gebrauchen, sogar Sie. Aber Sie haben noch eine letzte Trumpfkarte auszuspielen: „Ich bin noch nicht bereit."

Das ist eine der klassischen „Gehen Sie direkt aus dem Gefängnis"-Karten. Sie sagen: „Ich muss vorher noch mehr lernen. Ich muss mehr im Glauben wachsen. Ich möchte doch mein Bestes geben. Ich will nicht ins kalte Wasser springen, bevor ich meine Hausaufgaben erledigt habe."

Das klingt doch sehr vernünftig und überlegt, oder? Im Lauf der Jahre habe ich viele Menschen gesehen, denen man einfach ansah, dass sie im Dienst für Gott Erfolg haben würden. Ich wusste, dass es nur eine Frage der Zeit war, bis Gott durch sie etwas Außergewöhnliches tun würde. Ich sah, wie sie sich auf den Dienst vorbereiteten. Und vorbereiteten. Und noch ein weiter vorbereiteten. Die Vorbereitungszeit schien kein Ende zu nehmen. Noch ein paar Bibelstunden. Noch ein paar Gebete, damit ich Gottes Willen erkenne. Das erinnert mich an den Mann auf dem Zehn-Meter-Sprungturm, der hinunterschaut und meint: „Ich bin noch nicht ganz in Form."

Spring einfach! Spring, bevor du bereit bist zu springen.

Paulus wird getauft. Sein Augenlicht kehrt zurück, der Blutrausch nicht. Sein ganzes Leben wurde auf den Kopf gestellt. Einige Tage verbringt er mit den Jüngern in Damaskus. Dann beginnt er, in den Synagogen von Jesus zu predigen (siehe Apostelgeschichte 9,20). Das geschieht nur wenige Tage nach seiner Ankunft in der Stadt, während er im Besitz eines Briefs des Hohepriesters ist, der ihm erlaubte, Christen aufzuspüren und zu verhaften. Und jetzt *predigt* er? Hat er etwa ein Wochenendseminar mitgemacht?

Paulus machte denselben Prozess durch wie jeder andere. Er wuchs im Glauben und lernte dazu. Jüngerschaft ist eine geistliche Disziplin, die man nicht kleinreden darf. Doch Gott hatte ihn aufgefordert, einfach anzufangen, und er fand ein Ja dazu.

Innerhalb eines kleinen Augenblicks, in einer kurzen Begegnung mit anderen Menschen, gebraucht er Sie, um durch Sie ein Leben veränderndes Wort zu sprechen.

Die effektivsten Christen – also diejenigen, die ihren Freunden am ehesten von Jesus erzählen – sind häufig Menschen, die sich gerade bekehrt haben und noch ganz begeistert davon sind. Und Christen, die schon lange in der Gemeinde sind, meinen oft, die anderen hätten mehr Informationen, während sie selbst noch nicht bereit sind.

Paulus hatte lange noch nicht alle Informationen parat. Er war noch nicht einmal nach Hause zurückgekehrt und hatte seinen Freunden erzählt, was alles geschehen war. Doch jetzt hörte er von Gott, und das auf eine Weise, wie er es vorher nie erlebt hatte. Der Heilige Geist hatte ihn erfüllt und ihn aufgefordert loszugehen.

Vielleicht hörte er eine leise Stimme, die ihm einredete: *Noch nicht! Nimm dir Zeit, bevor du dich darauf einlässt!* Doch hören wir einmal, was Paulus uns später sagt: „Gott hat uns nicht einen Geist der Furcht gegeben, sondern einen Geist der Kraft, der Liebe und der Besonnenheit (2. Timotheus 1,7).

Es könnte sein, dass Sie sich etwas nervös fühlen. Schwache Nerven kommen nicht von Gott; der Heilige Geist schenkt uns Mut. Er zieht nicht in Betracht, dass wir mit Makeln behaftet sind und uns Sorgen machen, was alles passieren könnte. Sie haben keinen Mut? Er wird

Ihnen Mut schenken. Ihnen fehlen die richtigen Worte? Er gibt Sie Ihnen.

Innerhalb eines kleinen Augenblicks, in einer kurzen Begegnung mit anderen Menschen, gebraucht er Sie, um durch Sie ein Leben veränderndes Wort zu sprechen. Wenn Gott Sie auswählt, rüstet er Sie auch aus. Jedes Mal.

Ich möchte Ihnen von einer dieser kurzen Begegnungen erzählen.

Auftrag angenommen!

Ich besuchte mit meiner Frau eine Theateraufführung. Das ist eigentlich nicht so richtig mein Fall, um die Wahrheit zu sagen. Ich habe immer Angst, dass irgendwelche Helden in Strumpfhosen ein Lied anstimmen. Aber ich liebe meine Frau, und es war unser Hochzeitstag.

Wir hatten schon bis zur Halbzeit durchgehalten. Entschuldigung, bis zur Pause – so heißt es doch, oder? Ich war etwas unruhig geworden, aber jetzt ging das Licht wieder an und ich schaute mich um. Der Mann neben mir lächelte mich an, und wir kamen ins Gespräch. Er war Rechtsanwalt und wurde von seiner Tochter begleitet, die gerade die Highschool abgeschlossen hatte. „Wunderbar", sagte ich. „Ich habe drei Töchter zu Hause."

Er blickte zu seiner Tochter und meinte: „Kommt mir wie gestern vor, dass sie noch ein kleines Mädchen war. Ich war ihr damals kein besonders guter Vater. Immer schlecht gelaunt, immer viel zu tun, Sie wissen schon." Er blickte mir in die Augen und sagte: „Kann ich Ihnen etwas erzählen? Etwas, das mir passiert ist, als sie sechs war und mich als Vater zum Besseren verändert hat?"

„Natürlich. Schießen Sie los." Ich lachte und fügte hinzu: „Ich kann alle Ratschläge zum Verhältnis von Vater und Tochter gebrauchen, die ich nur kriegen kann."

„Also, sechs Jahre war ich ein schlechter Ehemann und Vater, aber ich kletterte die Karriereleiter schnell hoch. Das war für mich am wichtigsten, verstehen Sie? Heute sehe ich, was ich damals nicht gesehen habe: Meine Familie zerbrach allmählich daran."

„Was ist dann passiert?" Ich glaubte, gleich würde er von seinem gesundheitlichen Zusammenbruch oder dem Konkurs seiner Firma erzählen. Ich fand das viel spannender als das Theaterstück.

„Ein Freund hat mich in seine Kirche eingeladen." Schnell fügte er hinzu: „Sie sagen vielleicht gleich, dass Sie nicht viel von organisierter Religion halten, aber wissen Sie, das ging mir damals genau so."

Langsam begriff ich, dass dieser Mann mir ein Zeugnis geben wollte. Ein- oder zweimal war ich schon nervigen Straßenpredigern begegnet, aber abgesehen davon hatte ein mir Unbekannter noch nie mit mir über Jesus gesprochen.

„Zuerst hatte ich überhaupt keine Lust, zur Kirche zu gehen", erzählte er weiter. „Aber dieser Freund ließ nicht locker, bis ich endlich nachgab, nur damit er aufhörte. Und für Sie klingt es vielleicht komisch, aber in dieser Kirche bin ich Jesus begegnet. Das Beste, was mir jemals passiert ist."

Ich wollte ihm gern ins Wort fallen und anmerken, dass ich selbst Pastor war, aber er war richtig in Fahrt gekommen. „Wir kennen uns ja überhaupt nicht, aber Sie haben Töchter, und ich dachte mir, ich würde Ihnen gerne erzählen, was mich von Grund auf verändert hat."

Wenn Sie am Ende sind, werden Sie entdecken, dass Sie genau am richtigen Ort sind, damit Gott Sie gebrauchen kann.

Seine Tochter hatte unserem Gespräch gelauscht, und nun beugte sie sich zu ihm herüber und schenkte mir ein wundervolles Lächeln, das zu sagen schien: „Mein Vater ist der Beste."

Dann war die Pause vorbei. Die Lichter gingen wieder aus, und das fand ich völlig in Ordnung, weil ich weinen musste. Ein Mann, den ich überhaupt nicht kannte – ein Anwalt, Ehemann und Vater –, hatte mir erzählt, wie Jesus sein Leben verändert hatte. Und er tat das, indem er mir all seine Fehler zeigte, all die Gründe, weswegen er eigentlich versagt haben müsste.

So zeigt sich die Macht Gottes. Er nimmt das Chaos, das wir angerichtet haben, und macht daraus ein Meisterwerk. Denn nur mit
der Liebe und Gnade Christi lässt sich erklären, dass ein Mensch sich
von Grund auf verändert. Was sonst könnte hinter dem wunderbaren
Lächeln seiner Tochter stecken, wenn die Familie kurz vor einer Katastrophe stand?

Der gewichtigste Grund, warum Sie es nicht schaffen, ist genau der
Grund, warum er es kann – und vielleicht genau das Umfeld, das er
gebrauchen will. Was ist das für Sie? Eine Einschränkung? Eine Erinnerung? Ihr Alter? Die Furcht vor irgendetwas? Das spielt keine Rolle.
Weg mit den Gründen, aus denen Sie sich für ungeeignet halten. Geben Sie sie Gott. Sagen Sie sich von ihnen los – immer wieder, wenn
es nötig ist. Stoßen Sie an Ihre Grenzen. Wenn Sie am Ende sind, werden Sie entdecken, dass Sie genau am richtigen Ort sind, damit Gott
Sie gebrauchen kann.

Kapitel 8

Schwach, um stark zu sein

Ich hatte mich bereit erklärt, in einem Seminar auf einer Konferenz einen Vortrag zum Thema „Der Führungsstil Jesu" zu halten. Ich wusste nicht genau, welchen Aspekt seines Führungsstils ich betonen sollte, aber mir gefiel die Idee, und ich dachte, ich könnte meinem Vortrag den Feinschliff verpassen, wenn ich erst einmal da wäre.

Der Zeitpunkt rückte immer näher heran, und ich bekam nähere Informationen. Oh Schreck. Ich war am späten Samstagvormittag dran. Ich weiß nicht, wie mir das entgehen konnte, aber da gab es ein Problem. Die Gemeinde, in der ich predige, feierte am Samstagnachmittag einen Gottesdienst, und ich konnte unmöglich meinen Seminarvortrag halten und rechtzeitig zurück sein, um dann noch die Predigt zu halten. Ich konnte auch nicht fliegen, das hätte zeitlich ebenfalls nicht geklappt. Mir widerstrebt es absolut, eine Veranstaltung abzusagen, aber es sah so aus, als bliebe mir nur noch diese Möglichkeit.

Dann hatte ich eine Idee.

Ein Gemeindemitglied ist Hubschrauberhobbypilot. Und ich wollte immer schon einmal mit dem Hubschrauber fliegen. Hier bot sich also die perfekte Chance, zwei Fliegen mit einer Klappe zu schlagen. Er könnte mich zur Konferenz fliegen, wo ich meinen Vortrag halten würde. Dann würde er mich zurückfliegen, damit ich pünktlich im Gottesdienst wäre. Er meinte, er würde mir gern helfen, und es sah so aus, als würde alles funktionieren.

Wir trafen uns an einem kalten Samstagmorgen und hoben ab, den wilden blauen Himmel über uns. Ich fand es toll, nicht nur deshalb, weil Hubschrauber cool sind. Es ist mir ein wenig peinlich, das zuzugeben (ehrlich gesagt ist es mir fürchterlich peinlich), aber ich fühlte mich unglaublich wichtig und bedeutend, weil ich mit dem Hubschrauber zu einem Vortrag anreiste. Zumindest unterbewusst muss ich mir vorgestellt haben, wie die Konferenzmitarbeiter sich fragten: „Oh, wer ist das denn?"

Es hatte an diesem Wochenende geschneit, und der Veranstalter hatte eine Fläche räumen lassen, damit der Hubschrauber unmittelbar neben der Kapelle landen konnte, wo ich meinen Vortrag halten sollte. Mir schoss schon die Frage durch den Kopf, ob das denjenigen, der vor mir den Vortrag hielt, sehr ablenken würde – das Gewummer der Rotoren, Menschen, die ihre Hände schützend übers Haar legen, kleine Tiere, die vom Luftstrom fortgeblasen werden. Aber bitte, so ist das nun einmal, wenn ein Hubschrauber landet. Was konnte ich schon dagegen tun? Einflussreiche Leute müssen mit solchen Dilemmata leben.*

Als wir landeten, stellte ich mir vor, wie sich alle Köpfe zu uns hindrehten, um den Helikopter zu sehen, und sich alle Anwesenden fragten, warum wir auf der Bibelkonferenz den Kriegsfilm *Black Hawk Down* nachspielten. Würde gleich der Präsident der Vereinigten Staaten aussteigen? Nein, ich war es nur, aber ich sah mich schon in Zeitlupe einherschreiten und dem Piloten meinen Gruß entbieten.

Ich betrat die Kapelle eine Viertelstunde vor Beginn meines Vortrages. Eine Mitarbeiterin überreichte mir ein Blatt Papier mit dem genauen Titel meines Vortrags. Ich errötete, als ich ihn las: „Führen aus einer Position der Schwäche heraus."

Autsch! Da hast du ins Schwarze getroffen, Herr.

Großspurig war ich in die Halle geschlendert und versuchte so wichtig zu wirken wie möglich, nur um dann darüber zu reden, wie man demütig dient. Ich saß in der Klemme. Es wäre unehrlich gewe-

---

* Bitte bestätigen Sie mir, dass Sie mich inzwischen gut genug kennen, um einschätzen zu können, dass ich hier Sarkasmus gebrauche. Wenn ich anscheinend das Gegenteil von dem sage, worum sich das betreffende Kapitel dreht, bedeutet das im Allgemeinen, dass ich das nicht ganz ernst meine. Wenn Ihnen das bisher entgangen ist, finden Sie vieles von dem, was ich schreibe, vermutlich schwer zu verstehen. Das tut mir leid (oh, schon wieder Sarkasmus). Falls Sie es immer noch nicht begriffen haben, freue ich mich auf Ihre Kommentare im Internet (jawohl, immer noch sarkastisch).

sen, meinen Auftritt als kleine Theatereinlage zu deklarieren, obwohl mir der Gedanke durch den Kopf ging.

Nein, ich musste dazu stehen. Mein Seminar begann damit, dass ich bekannte, was ich gerade getan hatte, und einräumte, dass ich noch viel zu dem Thema, über das ich jetzt sprechen wollte, lernen musste.

Jesus spricht uns häufig darauf an, wenn wir nur aufmerksam darauf achten. Wir neigen dazu, in die typisch menschliche Haltung zurückzufallen - also den Hochmut, ein aufgeblasenes Ich und das Bedürfnis, andere zu beeindrucken. An meine Grenzen zu stoßen, bedeutet in dieser Hinsicht, mit meiner eigenen Stärke am Ende zu sein. Wie wir in diesem Kapitel entdecken werden, schafft unsere Schwäche einen Freiraum, den Gott mit Stärke füllen will.

Durch den Lieferanteneingang

Schwäche.

Für Jesus ist das ein wichtiges Thema. Sogar mit seiner Geburt brachte er uns etwas bei. Er stieg nicht aus einem Hubschrauber und winkte den Leuten zu, die das Sagen haben. Wir haben uns schon so viel Weihnachtskarten mit der Krippenszene angeschaut, dass wir gegen den folgenden Punkt schon fast immun geworden sind: Er kam in Schwachheit zu uns, geboren von einem armen Mädchen im Teenageralter, die nichts Besonderes vorzuweisen hatte. Maria und Josef hatten nicht einmal genug Geld für ein Lamm, das sie bei der Geburt opfern sollten, wie es im 3. Buch Mose vorgeschrieben war. Ihnen blieb nur die billigere Alternative, zwei Tauben.

Ironie? Die Eltern des Lamms, das sich für die Welt opferte, konnten Gott kein *gewöhnliches* Lamm darbringen. Der Fürst kam verarmt zur Welt und lebte in einem unbedeutenden Dorf namens Nazareth.

Uns gefällt die anrührende, anheimelnde Krippenszene, aber seien wir mal realistisch. Das war eine Futterkrippe für das Vieh. Man kann sich keinen Kreißsaal vorstellen, der schlimmer riecht. Manchmal muss ich an Weihnachten daran denken, wenn meine Frau die Duft-kerzen hervorholt. Es handelt sich um ihre „Weihnachtsdüfte"-Kol-lektion, mit Apfelkuchen, Zimt und sogar einer Sorte, die sich Krip-penduft nennt. Diese Bezeichnung trifft es allerdings nicht ganz genau, denn das Aroma von frischen Kuhfladen dringt nicht richtig durch.

Haben Sie schon einmal Duftkerzen für Männer gesehen? Genau, „Autowerkstatt" zum Beispiel. „Barsch-Angeln". Und mein Lieblingsduft „Gebratener Speck". Wa-rum versuchen Frauen nicht, ihre Männer mit so einem Duft anzuziehen?

Schwachheit schafft den Freiraum, den Gott mit seiner Stärke füllen will.

Echte „Krippenduft"-Kerzen müssten mehr in diese Richtung gehen: „Hirtenschweiß", „Schmut-ziger Esel", „Kamel Dung".

Wir singen Weihnachtslieder, in denen vom Stall, von der Krippe und vom Vieh die Rede ist, denken jedoch nie darüber nach, wie ungewöhnlich das ist. Warum die Armut? Warum der Stall? Warum die Hirten?

Weil er Gott ist, und Gott entscheidet sich für die Schwachheit, um seine Stärke zu zeigen. Schwachheit schafft den Freiraum, den Gott mit seiner Stärke füllen will. Glauben Sie, das war alles Zufall – dass Gott in diesem Augenblick in die Geschichte der Menschheit eingriff, selbst Mensch wurde, so wie es seit Anbeginn der Zeit geplant war, ohne vorher Erkundigungen einzuziehen? Dass er vergessen hatte, ein Hotelzimmer für seinen Sohn zu reservieren?

Wohl kaum. Ein Künstler weiß, wie man den besten Effekt erzielt, wie man an den Schöner-Wohnen-Shows im Fernsehen sieht.** Man platziert einen Gegenstand dort, wo er am besten zur Geltung kommt. Und Gott ist der Künstler, der die ganze Schöpfung hervorgebracht hat. Mitten in Schwachheit, Armut und Bedeutungslosigkeit treten seine Macht und seine Majestät hervor.

Er hätte die Bühne in einer Weltstadt betreten können. Die Men-

---

★ Jedenfalls habe ich das gehört. Ich selbst habe diese Sendungen natürlich noch nie gesehen.

schen hätten gesagt: „Richtige Zeit, richtiger Ort. Da sieht man, was das Schicksal bewirken kann."

Er hätte in eine Dynastie von Milliardären hineingeboren werden können. Die Menschen hätten gesagt: „Da sieht man, was Geld alles bewirken kann."

Er hätte das Kind eines weltlichen Herrschers sein können. Die Menschen hätten gesagt: „Da sieht man, was politische Macht bewirken kann."

Er hätte von einer berühmten Frau geboren werden können. Die Menschen hätten gesagt: „Da sieht man, was Ruhm bewirken kann."

Stattdessen wurde er in Armut, Schwachheit und Bedeutungslosigkeit hineingeboren, und wir können nur noch sagen: „Seht, was Gott bewirken kann." Er nimmt eine leere Leinwand in trübem Grau zur Hand und sagt: „Schaut einmal her, was daraus entstehen kann!"

Immer stärker

Dass man Schwachheit feiern sollte, läuft nicht nur unserer Intuition, sondern auch unserer gesamten Kultur zuwider. In unserer Welt schätzt man Stärke, nicht Schwäche. Im ersten Jahrhundert war das nicht anders. Als Paulus der Gemeinde in Korinth schrieb, wusste er, dass sie die Vorstellung, Schwachheit zu feiern, nur schwer verdauen würden.

Korinth war bekannt für einen ausschweifenden Lebensstil, eine beeindruckende Skyline und Menschen, die das Nachtleben und Boogie-Woogie liebten. Hier fand man Stärke und Eleganz. Unsere Kultur heute würde sich in dieser Stadt wiedererkennen. Man legte Wert auf Erfolg, Selbstvertrauen, Selbstsucht. Leider überhaupt auf alles, das mit „Selbst-" anfing. Wenn wir so leben, schneiden wir uns von allem ab, was Gott uns anbietet.

Paulus hatte auf die harte Tour gelernt, dass Schwachheit der Ausgangspunkt dafür ist, Gottes Stärke zu erleben. Das möchte er den

Korinthern vermitteln. Doch er weiß, dass er aus einer Position der Stärke zu ihnen sprechen muss, damit sie ihm zuhören und über seine Worte nachdenken. Daher entschließt er sich, seinen Lebenslauf aus- zugraben, abzustauben und ihn als Argument einzusetzen, damit er dem Jetset von Korinth auf Augenhöhe begegnen kann. Dann klingt er nämlich nicht wie ein Schwächling, der Schwachheit an den Mann bringen will.

Als er nun anfängt, über Stärke zu sprechen, räumt er zwischendrin immer wieder ein, wie albern das klingt:

> Doch womit sie auch immer angeben – ich rede jetzt wieder Unsinn –, das kann auch ich vorweisen. Sie geben sich doch für Hebräer aus? Das bin ich auch. Sie sagen, dass sie Israeliten sind? Ich ebenfalls. Sie sind Nachkommen Abrahams? Ich bin es auch. Sie sagen, sie dienen Christus? Ich weiß, dass ich wie ein Verrückter klinge, aber ich habe ihm weit mehr gedient! Ich habe härter gearbeitet, wurde öfter ins Gefängnis gewor- fen, mehr geschlagen und war immer wieder in Lebensgefahr. (2. Korinther 1,21-23)

Man hat den Eindruck, er müsste sich dabei das Lachen verkneifen. Als wollte er den Korinthern zeigen, dass er glaubwürdig ist, dabei aber deutlich macht, dass er das alles schon lange hinter sich gelassen hat. Als hätte er gerade den Sonnenaufgang über dem Grand Canyon gesehen und würde nun von jemandem aufgefordert, ein mit Fin- gerfarben gemaltes Bild zu zeigen, das er mit sieben Jahren zu Papier gebracht hatte.

Im nächsten Kapitel gibt Paulus widerwillig weitere Referenzen und lässt dann eine Bombe platzen.

> Diese Angeberei ist dumm, aber lasst mich fortfahren. Lasst mich euch von den Visionen und Offenbarungen erzählen, die ich vom Herrn empfangen habe. Ich wurde vor vierzehn

Jahren in den dritten Himmel hinaufgehoben, doch ob mein
Körper dort war oder nur mein Geist, weiß ich nicht; das
weiß nur Gott. Und ich weiß nicht, wie ich dorthin gelang-
te – das weiß nur Gott. Aber ich weiß, dass ich ins Paradies
versetzt wurde und erstaunliche Dinge hörte, die sich nicht
in Worte fassen lassen. Das ist eine Erfahrung, mit der man zu
Recht angeben könnte, doch ich werde es nicht tun. Ich bin
nur stolz auf meine Schwäche.
(2. Korinther 12,1-5)

Stellen Sie sich vor, wie dieser Brief in der Gemeinde Korinth
laut vorgelesen wurde. Als man zu dieser Stelle kommt, sagt einer:
„Augenblick mal. *Was* steht da?“ Ein alter Mann dreht an seinem
Hörgerät herum. Ein paar andere blicken dem Vorleser über die
Schulter. Hat er wirklich gerade gesagt, er sei im dritten Himmel
gewesen?

Und das ist schon vor vierzehn Jahren passiert? Hätte er doch mal
erwähnen können. Und sogar jetzt erwähnt er es nur ganz beiläufig,
fast entschuldigend. Er will das eigentlich gar nicht zur Sprache bringen, aber offenbar hat er tatsächlich Himmel Nr. 3 besucht, was soll
man dazu sagen?

Ich selbst fand mich unglaublich wichtig, weil ich mit dem Hubschrauber gekommen war. Wenn ich Paulus wäre, hätte ich nicht vierzehn Jahre gewartet, bis ich meinen Freunden von meinem kleinen
Ausflug mit den Engeln erzählt hätte. Innerhalb von vierzehn Sekunden hätte ich das bei Instagram gepostet.

Hey, ich war heute im dritten Himmel. #UnbearbeitetesFoto
#Washastduheutegemacht

Ich würde das in jede Unterhaltung einfließen lassen, ganz egal, worum sich das Gespräch gerade dreht. Vielleicht plaudert man gerade
über Fußball oder Politik, und ich würde dann sagen: „Ach, übrigens,

als ich in den dritten Himmel emporgehoben wurde – hatte ich schon erwähnt, dass ich einmal im dritten Himmel war?"

Dieses Buch hätte ich dann auch nicht geschrieben. Nein, mein Buch würde den Titel tragen: *Der dritte Himmel: Gedanken zum Thema, warum ich dafür erwählt wurde und Sie nicht.* Der Film zum Buch hieße dann *Den dritten Himmel gibt's echt.*

Ich würde sofort meinen Lebenslauf aktualisieren: „Wenn er sich nicht gerade im dritten Himmel aufhält, verbringt Kyle gern Zeit mit seiner Familie."

Paulus jedoch hielt es nicht für angebracht, sein Erlebnis in den nächsten anderthalb Jahrzehnten mitzuteilen. Sein Lebenslauf lautet schlicht: „Ein Knecht Christi."

Ein Knecht oder Sklave beeindruckte niemanden und erhöhte nicht die Glaubwürdigkeit. Man konnte dann höchstens darüber sprechen, wer sein Herr und Meister war.

In diesem Abschnitt seines Briefs sagt Paulus: „Ich habe natürlich den richtigen Hintergrund und bin auch Jude. Ich kann alles vorweisen – ich habe Schiffbruch erlitten, wurde geschlagen, gesteinigt, ins Gefängnis geworfen. Ich habe unter Kälte und Hunger gelitten, bin fast den Märtyrertod gestorben, und ihr wollt noch mehr? Na gut: Ich habe eine Reise ins Übernatürliche angetreten. Wenn ich also das Alphatier unter den christlichen Leitern des ersten Jahrhunderts sein wollte, könnte ich mich noch großspuriger geben, kein Problem. Aber ich will euch erklären, warum das nicht passieren wird."

Ein dorniges Problem

Dann lässt Paulus noch eine zweite Bombe platzen, eine, die dem modernen Leser noch quälender vorkommt, weil Paulus sich weigert, Details preiszugeben.

Darum, damit ich mich nicht überhebe, wurde mir ein Dorn
für das Fleisch gegeben, ein Engel Satans, dass er mich mit
Fäusten schlage, damit ich mich nicht überhebe. Um dessent-
willen habe ich dreimal den Herrn angerufen, dass er von mir
ablassen möge.
(2. Korinther 12,7–8; ELB)

Wie bleibt man auf dem Teppich, wenn man einmal den dritten Himmel besucht hat? Man kämpft. Man kämpft mit irgendeinem körperlichen Problem, das man nicht ändern kann. Man kann nicht mit dem
Kopf in den Wolken leben, wenn man ständig von Schmerzen gequält
wird.

Wie Sie sich vorstellen können, hat man im zwanzigsten Jahrhundert herumgerätselt, was dieser „Dorn für das Fleisch" genau war. Was
immer ihn auch quält, man hat den Eindruck, dass es zwischen ihm
und Gott steht. Ein Dorn ist jedenfalls kein Splitter, das Wort im griechischen Grundtext kann man auch mit *Speer* oder *Pfahl* übersetzen.
Es geht also um mehr als einen gewöhnlichen Schnupfen oder ein
paar Tropfen Blut, weil man sich an einem Blatt Papier geschnitten
hat. Er litt so sehr, dass er Gott nicht nur darum bat, den Stachel weg-
zunehmen – er *rief ihn an* und flehte ihn förmlich an.

Paulus war ein leistungsorientierter Überflieger, und dieses Problem hemmte ihn. Am liebsten hätte er gebetet: *Herr, denk doch einmal
daran, wie viel mehr ich für dich leisten könnte, wenn du dieses Problem löst.*

Doch vielleicht flüsterte ihm eine leise Stimme zu: *Es geht nicht darum, was du tun kannst. Es kommt nicht darauf an, wie stark du bist.*

Paulus fuhr fort:

Und er hat zu mir gesagt: Meine Gnade genügt dir, denn
meine Kraft kommt in Schwachheit zur Vollendung. Sehr
gerne will ich mich nun vielmehr meiner Schwachheiten
rühmen, damit die Kraft Christi bei mir wohne. Deshalb habe
ich Wohlgefallen an Schwachheiten, an Misshandlungen, an

Nöten, an Verfolgungen, an Ängsten um Christi willen; denn wenn ich schwach bin, dann bin ich stark.
(2. Korinther 12,9-10; ELB)

Dieser letzte Satz zeigt, warum es sich lohnt – denn das ist die Weisheit, die Gott ihm geschenkt hat. Gott ist immer stark, doch in unserer Schwachheit breitet sich diese Stärke wie ein Lauffeuer aus. Die Welt erkennt, dass es einzig und allein um ihn geht. Wenn ich am Ende bin und an meine Grenzen stoße, finde ich in Gott Stärke, wie ich sie nie auf andere Weise erfahren hätte. Das fällt uns schwer, denn ein Leben lang werden wir von unserer Kultur geprägt. Von Kindesbeinen an lernen wir, dass es gut ist, stark zu sein – und das ist es natürlich auch. Wir wollen stark und gesund sein. Wir wollen eine gute Ausbildung genießen und uns starke Werte zu eigen machen. Paulus spricht hier jedoch über den Unterschied, selbst stark zu sein und sich an etwas Starkes anzulehnen. Die Welt sagt uns: Werde stark, sei stark und verlass dich auf deine eigene Stärke. Gott sagt uns auch, dass wir stark werden sollen, doch gleichzeitig sollen wir erkennen, dass es nur auf seine Stärke ankommt. Auf ihn können wir uns stützen.

> **Gott sagt uns auch, dass wir stark werden sollen, doch gleichzeitig sollen wir erkennen, dass es nur auf seine Stärke ankommt.**

Man bringt uns bei zu glauben: „Ich kann alles schaffen, was ich mir vornehme." Das Evangelium sagt uns: „Ich kann alle Dinge durch Christus tun."

Man bringt uns bei: „Niemand darf dich weinen sehen." Das Evangelium sagt uns: „Du sollst wissen, dass in deiner Schwachheit Christus sichtbar wird."

Im Lauf der Jahre habe ich meine Meinung zu diesem Thema ein wenig geändert. Früher hätte ich argumentiert, dass Gott *trotz* unserer Schwäche wirkt. Oder dass er um unsere Schwächen *herum* arbeitet. Doch diese Aussage ist einfach nicht stark genug. Das ist nicht der springende Punkt. Gott zeigt seine Stärke nicht, *obwohl* wir schwach sind – er zeigt sich gerade *durch* unsere Schwäche.

Andernfalls würden wir überhaupt keine Rolle spielen, wenn Gottes Macht und Herrlichkeit zum Vorschein kommen. Dann würden wir am besten einfach zur Seite treten, damit wir ihm nicht im Weg stehen. Aber dieses Leben ist ein Dialog, eine Beziehung zwischen Gott und seinen geliebten Kindern. Er ist ein liebevoller Vater und will, dass wir an allem Anteil haben, was er tut. Hat er es denn nötig, dass Sie oder ich ihn dabei unterstützen? Nein, er *will*, dass wir mit ihm zusammenarbeiten, weil ihm das gefällt und weil die Menschen, die ihm dabei zusehen, mehr damit anfangen können.

Schauen Sie sich einmal an, wie Jesus seine Jünger aussuchte. Führte er Tests und Bewerbungsgespräche durch, um die redegewandtesten, talentiertesten, einflussreichsten und überzeugendsten Kandidaten herauszufiltern? So werden ja in Filmen Teams für einen Spezialauftrag zusammengestellt. „Das hier ist Bud, der kann sich hervorragend tarnen. Und hier Charlene, die kennt sich mit Sprengstoffen aus. Zu guter Letzt noch Carlos, ein außerordentlich begabter Computerhacker.“

Jesus sah einige Fischer und noch ein paar andere Männer und forderte sie auf, ihm nachzufolgen. Das war's. Wie sich herausstellte, waren es gerade ihre Schwächen – die in der Zeit, in der sie mit ihm unterwegs waren, nur allzu deutlich sichtbar wurden –, die ihr Zeugnis so kraftvoll machten. Nach der Himmelfahrt Jesu sprachen Petrus und Johannes mit einigen einflussreichen Männern des religiösen Lebens.

> Die Mitglieder des Hohen Rats waren erstaunt, wie furchtlos und sicher Petrus und Johannes sprachen, denn sie konnten sehen, dass sie ganz einfache Männer ohne besondere Bildung waren. Außerdem wussten sie, dass diese Männer dem engsten Kreis um Jesus angehört hatten.
> (Apostelgeschichte 4,13)

Gott wurde verherrlicht, nicht *obwohl* sie keine gute Ausbildung genossen hatten und nicht besonders begabt waren, sondern *gerade des-*

wegen. Sie waren ganz normale und unbedeutende Männer. Wenn sie aufsehenerregende Taten vollbrachten, stellten sie die Anwesenden vor die Frage, was geschehen war, um sie zu den Menschen zu machen, die sie nun vor sich hatten. Es war ihre Schwäche, die den Freiraum schuf, in dem sich Gottes Stärke zeigen konnte.

Corrie ten Boom wurde durch ihr Buch *Die Zuflucht* bekannt, in dem sie ihre Haft in einem Konzentrationslager der Nationalsozialisten schildert. In einem ihrer anderen, weniger bekannten Bücher, *Mit Gott durch dick und dünn,* erzählt sie von einer Frau, der sie während des Kalten Kriegs in Russland begegnete, zu einer Zeit also, als Christen dort verfolgt wurden.

Die alte Frau, so schrieb Corrie, lag auf dem Sofa. Sie litt unter multipler Sklerose und war von der Krankheit gezeichnet. Ihr ganzer Körper war verdreht, und sitzen konnte sie nur, wenn sie von Kissen gestützt war. Sie hatte keine Kontrolle mehr über ihre Muskeln und war daher darauf angewiesen, dass ihr Mann sie pflegte. Nur noch den Zeigefinger ihrer rechten Hand konnte sie bewegen, sonst keinen einzigen Körperteil mehr.

Aber was dieser Finger leistete! Den ganzen Tag und bis spät in die Nacht tippte er auf einer Schreibmaschine Wörter, Sätze und Abschnitte, wenn sie die Bibel und andere christliche Literatur ins Russische übersetzte.

Ihr Mann sah ihr dabei zu und bemerkte, dass der runzlige alte Finger oft lange brauchte, bis er die richtige Taste traf – doch Buchstabe für Buchstabe kam er nach vorn und tippte ganze biblische Bücher in die Maschine.

Und dann kam Corrie ten Boom zu Besuch. Sie sah sich die ausgemergelte Gestalt auf dem Sofa an und empfand Mitleid. Sie betete: „Oh Herr, warum heilst du diese arme Frau nicht?"

Ihr Mann bemerkte, wie sehr diese Begegnung ihren Gast bewegt hatte, und sagte: „Gott verfolgt ein Ziel mit ihrer Schwäche. Jeder andere Christ in der Stadt steht unter Beobachtung der Geheimpolizei. Aber weil sie schon so lange krank ist, schaut niemand bei uns herein.

Sie lassen uns in Ruhe, und sie ist der einzige Mensch, der übersetzen kann, ohne dass er von der Polizei entdeckt wird."

Nein, Gott wirkte nicht trotz ihrer Schwäche. Vielmehr wurde er durch ihre Schwäche verherrlicht. Sie hätten für diese Frau Mitleid empfunden, und ich auch. Wir hätten Gott gebeten, dass er sie heilt, doch genau diese Krankheit, die scheinbar ihr Leben zerstörte, dieser Dorn, der ihr so viele Schmerzen verursachte, wurde zu einer heiligen Stätte, die eine außerordentlich schwache Frau zu einer tragenden Säule in Gottes Reich machte.[1]

Meine größte Schwäche (glaube ich jedenfalls)

Ich kenne Ihre Schwächen nicht. Vielleicht sind Sie in der Hinsicht selbst kein Experte. Ich jedenfalls versuche immer noch herauszufinden, wo meine Schwächen liegen. Natürlich verstecken wir sie vor anderen Menschen, aber was noch schlimmer ist: Wir verstecken sie auch vor uns selbst.

Manche meiner Schwächen drehen sich darum, meine Schwächen zu verbergen. Mein Stolz und meine Unsicherheit verschwören sich, um alles zu verdecken, was nicht in ihrem Interesse ist. Als Nachfolger Christi begreife ich, dass ich mich an meinen Mängeln freuen sollte, weil sie eine Art Theater im Miniaturformat darstellen, die offen für die Verkündigung des Evangeliums sind.

Meine größte Schwäche allerdings besteht darin, mit voller Absicht meine Schwächen zu ignorieren. Ganz ehrlich, ich will sie gar nicht kennen, weil ich Angst davor habe, verletzlich zu sein. (Da haben Sie noch eine meiner Schwächen.) Am liebsten würde ich einfach dasitzen und von mir behaupten: „Ich bin gut genug, ich bin clever genug, und die Leute mögen mich." Doch egal, wie oft ich das wiederhole, ich kann mich nicht einmal selbst damit überzeugen.

Als ich noch zur Highschool ging, ging ich regelmäßig mit einem Freund zum Gewichtheben in die Sporthalle. Er hatte gerade zweihundert Pfund beim Bankdrücken gestemmt. So weit war ich noch nicht, aber ich arbeitete mich langsam heran, und wenn er das schaffte, konnte ich das auch. Allerdings nur, wenn niemand zuguckte.

Also wartete ich, bis alle gegangen waren. Ich legte die Gewichte auf und machte genau das, was man niemals tun soll, wie ich genau wusste. Wenn man Gewichtheber ist, wird einem eingebläut, dass man eins niemals tun darf: beim Bankdrücken das maximale Gewicht stemmen, ohne dass jemand dabei ist, der im Notfall eingreifen kann.

Sie können sich wahrscheinlich vorstellen, wie die Geschichte weiterging. Ich spüre das. Sie sind sich sicher, dass ich das Gewicht nicht stemmen konnte ... dass ich versuchte, es langsam wieder zu senken und dabei eingeklemmt wurde ... dass ein großer, starker Kerl zufällig noch einmal zurückkehrte, weil er sein Massageöl vergessen hatte ... dass er meine Schreie hörte, im Laufschritt herannahte und mich aus meiner misslichen Lage befreite ... dass dieser Kerl in meiner Geschichte für Gott steht ... und dass der springende Punkt der folgende ist: Wir sollten unsere Schwächen zugeben und zum Herrn rufen, und er wird zu uns kommen, um seine Stärke zu erweisen.

Nein. In Wirklichkeit war es so: Ich lag auf der Bank, griff nach der Stange und bereitete mich darauf vor, die Gewichte zu heben. Ich spürte den Adrenalinstoß. Ich blickte nach links. Ich blickte nach rechts. Die aufgelegten Gewichte sahen wie ein Amboss aus. Ich stand auf, nahm die Gewichte ab und ging nach Hause. Was ich dort in der Sporthalle versucht hatte, habe ich niemals irgendjemandem erzählt. Genauer gesagt, was ich versuchen *wollte*. Das lag nicht daran, dass ich mir nicht sicher war, ob ich es schaffen würde; es lag daran, dass ich gewusst hätte, dass ich schwach war, wenn ich es nicht geschafft hätte, und das wollte ich nicht wissen. Seit diesem Tag frage ich mich, ob ich die Gewichte hätte stemmen können. Und nun werde ich das niemals erfahren, weil ich Angst hatte, ich könnte schwach sein und das mit Sicherheit wissen.

Nun war das ein Erlebnis zu einer bestimmten Zeit an einem bestimmten Ort. Doch ich frage mich, ob da nicht ein Muster sichtbar wird. Wie oft habe ich als Pastor, als Ehemann, als Vater, als Freund eine Herausforderung nicht angenommen, weil ich nicht sicher war, ob ich alle Voraussetzung dazu mitbrachte, und Angst hatte, mich meiner Schwachheit zu stellen?

Christus fordert uns immer wieder auf, weiter aufs Ziel zuzugehen. Er will, dass wir nicht anhalten und seinen Segen erfahren, wenn wir im Glauben wachsen. Wie viel Segen ist mir entgangen, nicht, weil ich nicht fähig gewesen wäre, sondern weil ich nicht verwundbar war? Statt mich an meiner Schwachheit zu freuen, will ich vorgeben, dass ich gar nicht schwach bin. Oder zumindest nicht genau wissen, wie meine Schwächen aussehen.

Wie viel Segen ist mir entgangen, nicht, weil ich nicht fähig gewesen wäre, sondern weil ich nicht verwundbar war?

Paulus schrieb am Anfang seines zweiten Briefs an die Korinther von den Problemen, denen er ausgesetzt war.

Denn wir wollen euch nicht in Unkenntnis lassen, Brüder, über unsere Bedrängnis, die uns in Asien widerfahren ist, dass wir übermäßig beschwert wurden, über Vermögen, sodass wir sogar am Leben verzweifelten.
(1,8; ELB)

Die Schwierigkeiten erwiesen sich als zu groß. Ihm und seinen Begleitern wurde es zu viel. Sie konnten es mit den Problemen nicht aufnehmen, weil sie zu schwach waren. Also gaben sie auf.

Nein, stimmt nicht.

Wir selbst aber hatten in uns selbst schon das Urteil des Todes erhalten, damit wir nicht auf uns selbst vertrauten, sondern auf Gott, der die Toten auferweckt.
(Vers 9; ELB)

Dass Christus Tote auferweckte, ist das ultimative Zeichen seiner Stärke und Macht. Und er möchte, dass wir auf seine Stärke vertrauen, nicht auf unsere. Wenn wir versagen, wenn wir zu schwach sind, wenn wir an unsere Grenzen stoßen und am Ende sind, dann können wir nur noch bei ihm Zuflucht suchen. Hier entdecken wir seine Stärke.

Als Mitarbeiter in der Gemeinde lesen wir manchmal zusammen Bücher, die uns zu mehr Effektivität verhelfen. Vor einigen Jahren gingen wir zusammen ein Buch durch mit dem Titel „Finde deine Stärken heraus". Im Internet gab es dazu einen Test, mit dem man seine fünf Hauptstärken herausfinden konnte. Das war hilfreich, weil so deutlich wurde, wer welche Fähigkeiten besaß, und man sich besser gegenseitig helfen konnte. Die meisten Menschen mögen solche Tests, und einige Mitarbeiter druckten sich ihr Testergebnis sogar aus und brachten das Blatt an ihrer Bürotür an.

Nach einer Weile jedoch hatte ich eine Idee, die mir nicht mehr aus dem Kopf ging. Wäre es nicht noch hilfreicher, wenn wir ein Buch mit dem Titel „Finde deine Schwächen" durcharbeiten würden? Den Titel findet man natürlich nicht in den Buchhandlungen, weil die Verlage genau wissen, dass sich so etwas nicht gut verkauft. Wir sind begeistert von unseren Stärken. Von unseren Schwächen eher weniger. Aber wenn Gottes Stärke in unserer Schwachheit aufleuchtet, sollten wir dann nicht lieber einen Zettel mit unseren Schwächen an die Bürotür heften?

Am Ende

Ich vermute, das ist typisch für einen zweiundachtzigjährigen Multimillionär aus New Mexico.

Forrest Fenn** füllte eine Schatztruhe mit Goldmünzen, Diamanten und Smaragden im Wert von drei Millionen Dollar und vergrub

---

* Wenn man so heißt, muss man wohl ein exzentrischer Multimillionär sein.

sie dann irgendwo. Dann forderte er die Amerikaner auf, danach zu suchen.

Alles begann damit, dass bei ihm 1988 Krebs diagnostiziert wurde. Fenn wollte den Schatz vergraben, in der Wildnis sterben und den verborgenen Schatz als sein Vermächtnis hinterlassen. Er überlebte, wurde wieder gesund und entwickelte die Schatzidee noch weiter.

Er gab den Schatzsuchern ein ungewöhnliches Hilfsmittel an die Hand: ein Gedicht mit neun versteckten Hinweisen. Die Idee hätte aus *Scooby*-Doo, einem alten Zeichentrickfilm stammen können. Jedenfalls verfolgte Fenn damit ein ganz bestimmtes Ziel, das er in seiner Autobiografie *The Thrill of the Chase* („Spannende Jagd") darlegte. Er schrieb darin von seltenen und wertvollen Gegenständen, die er im Lauf der Jahre zusammengetragen hatte, und darüber, dass der wahre Schatz im Leben die Jagd darauf ist.

Als er den Schatz vergrub, machte er damit vielen Menschen klar, was er eigentlich damit meinte. Denn damit kam zum Ausdruck: „Schaltet den Fernseher aus! Lasst die Videospiele links liegen! Stürzt euch in das echte Leben, statt euch aus zweiter Hand mit den Abenteuern erfundener Leute auf euren Bildschirmen im Wohnzimmer zufriedenzugeben. Sucht nach dem wahren Preis."

Fenns Botschaft lautet: Um die wirklich wertvollen Dinge zu bekommen, muss man sich anstrengen. Man kann sich eine DVD mit dem Schatzinsel-Film kaufen, man kann aber auch vom Sofa aufstehen, seine eigene Geschichte leben und andere Leute dazu bringen, stellvertretend *meine* Abenteuer zu erleben. Die besten Dinge im Leben sind vergraben. Man muss sie suchen. Man muss herausfinden, wo man graben muss, und dann den Schatz für sich beanspruchen. Nach Fenns Auffassung ist es höchste Zeit, dass die Menschen ihre kleinen Träume für die breite Masse aufgeben und etwas Richtiges tun, an das man sich ein Leben lang erinnert.

Man muss zugeben, dass da etwas dran ist. Tausende von Menschen sind bisher seinem Aufruf gefolgt und haben nach dem Schatz gesucht – bisher hat ihn noch niemand gefunden. Hin und wieder gibt er einen neuen Tipp, wenn die Suche in eine unerwünschte Richtung geht. Der Schatz befindet sich nicht auf einem Friedhof, dort braucht ihr also nicht zu graben. Er befindet sich auch nicht in der Nähe einer historisch bedeutenden Sehenswürdigkeit, die Mühe kann man sich also auch sparen.

Ich glaube, dass er damit bei den meisten von uns einen Nerv getroffen hat. Die Menschen glauben, dass irgendwo da draußen irgendetwas auf sie wartet, doch sie können es offenbar nicht finden. Das Leben selbst ist eine Art Schnitzeljagd, und man muss genau darüber nachdenken, wonach man sucht und wo man graben will. Und wo findet man die Schatzkarte? In Spielfilmen findet immer jemand eine alte Schatzkarte, die ein Pirat, der etwas gegen normale Schließfächer in der Bank hatte, irgendwo hinterlassen hat. Die Frage lautet dann immer, ob die Karte echt ist.

Ein Freund sagt dann: „Ja, das ist es! Das ist die echte Karte, und der Schatz ist auf einer Insel namens Leistung vergraben." Also macht man sich zu einer Expedition auf. Der Weg ist anstrengend, das Graben auch. Wenn ich endlich genug 50- oder 60-Stunden-Wochen auf der Arbeit hinter mich gebracht habe, finde ich „ihn" – Anerkennung, Beförderung, Gehaltserhöhung –, aber irgendwie kommt es uns nicht wie ein Schatz vor.

Jemand anders sitzt vor einer Landkarte der Insel Wohlstand. Eine Frau glaubt, sie könnte mit dem Liebesboot zu ihrem Schatz auf einer Insel übersetzen. So eine spannende Jagd macht Spaß, aber man will doch einen Schatz finden, der wirklich etwas wert ist. Und letzten Endes wird man mit Bono singen: „I still haven't found what I'm looking for – ich habe immer noch nicht das gefunden, wonach ich gesucht habe."

Tod ist Leben

In der Bibel heißt es, dass der echte Schatz des Lebens verborgen ist und man wissen muss, wo es zu suchen gilt.

> Denn ihr seid gestorben, als Christus starb, und euer wahres Leben ist mit Christus in Gott verborgen.
> (Kolosser 3,3)

Paulus sagt, dass man sterben muss, um zu leben. Im Evangelium finden wir andauernd paradoxe Aussagen und Sätze, bei denen wir uns fragen: „Wie bitte? Was steht da?" Aber diese Behauptung übertrifft alles.

Wo ich an meine Grenzen stoße und am Ende bin, dort beginnt das wirkliche Leben. Und Jesus sagt, dass ich erst sterben muss, damit ich leben kann.

Jesus schloss die großartigste Predigt aller Zeiten damit, dass er über zwei verschiedene Wege sprach – einen, der zum Leben, und einen, der ins Verderben führt.

> Geht hinein durch die enge Pforte! Denn weit ist die Pforte und breit der Weg, der zum Verderben führt, und viele sind, die auf ihm hineingehen. Denn eng ist die Pforte und schmal der Weg, der zum Leben führt, und wenige sind, die ihn finden.
> (Matthäus 7,13-14; ELB)

Man könnte das als den ersten Hinweis auf der Schatzkarte bezeichnen, die uns Jesus hinterlassen hat. Halten Sie Ausschau nach der engen Pforte. Sie wirkt weder besonders eindrucksvoll noch schön. Die meisten Leute ignorieren sie. Aber wenn man hindurchgeht, brechen goldene Zeiten an, oder? Falsch. Machen Sie sich auf einen unbequemen Weg gefasst, der selten von anderen beschritten wird. Er führt durch das Gebiet des Todes, führt jedoch zum Leben. Jesus stellt häufig unsere gängigen Vorstellungen auf den Kopf, doch das hier stellt unser Verständnis der Welt am heftigsten infrage. Bonhoeffer drückte es sinngemäß einmal so aus: Wenn Christus einen Menschen ruft, dann fordert er ihn auf, zu kommen und zu sterben.

„Tod" ist für keinen Menschen ein Lieblingswort. Leise schleichen wir auf Zehenspitzen darum herum und denken uns Euphemismen aus. Er ist uns *vorausgegangen*. Sie ist *entschlafen*. Gott hat ihn *zu sich genommen*. Sie hat *den Geist aufgegeben*.

Wenn höfliche, ehrfürchtige Euphemismen nicht unsere Sache sind, versuchen wir, uns mit lautem Pfeifen selbst Mut zu machen, wenn wir am Friedhof vorbeigehen, und greifen zu derberen Ausdrücken: *ins Gras beißen, sich die Radieschen von unten angucken, den Löffel abgeben, abkratzen*. Entweder drücken wir es übermäßig sanft aus oder wir machen einen Witz daraus – Hauptsache, wir nehmen den Tod nicht so, wie er ist.

Nicht nur in unserer Wortwahl, sondern auch in jeder anderen Beziehung tun wir alles, um die Realität des Todes zu verleugnen. Gegenüber der Welt legen wir angesichts des Todes eine Verzweiflung an den Tag, als ob uns auf der anderen Seite nichts Gutes erwarten könnte – oder zumindest, als könnten wir uns dessen nicht so sicher sein. Das ist kein besonders überzeugendes Zeugnis, das wir ablegen, wenn es so aussieht, als würde man uns schreiend und nach allen Seiten ausschlagend wegschleppen, damit wir bei dem sind, den wir unser ganzes Leben lang angebetet haben.

> **Machen Sie sich auf einen unbequemen Weg gefasst, der selten von anderen beschritten wird. Er führt durch das Gebiet des Todes, führt jedoch zum Leben.**

Trotzdem fordert uns Jesus nachdrücklich auf zu sterben. Nein, nicht den körperlichen Tod – warum sollten wir nicht bis ins hohe Alter am Leben bleiben, nach Florida ziehen und einen Buick fahren? Nein, Jesus spricht davon, dass wir uns selbst sterben.

In unserer Kultur geht es natürlich darum, dass wir uns selbst feiern, mehr Leben für uns herausholen. Doch egal, wie sehr wir danach suchen, unsere Landkarten führen uns nicht zum Ziel.

Wir verbringen Jahre damit, auf der Straße zu fahren, auf der wir Leben für uns selbst suchen, anstatt in diesem Leben zu sterben, und es fällt uns schwer zuzugeben, dass wir die falsche Entscheidung getroffen haben. Wir haben schon zu viele Kilometer auf ihr zurückgelegt. Wir haben schon zu viel in diese Reise investiert. Also drücken wir aufs Gaspedal und fahren weiter.

Ich persönlich finde es furchtbar, wenn ich einräumen muss, dass ich mich verfahren habe. Einmal bin ich sogar sonntags beim Drive-in-Schalter von Chick-fil-A vorgefahren, einer Schnellimbisskette, die sonntags grundsätzlich geschlossen hat. Schlimmer noch, ich habe den gleichen Fehler noch einmal gemacht, als meine Tochter mit im Auto saß. Wieder fuhr ich am Drive-in-Schalter vor und fühlte mich albern. Als wir uns wieder auf den Weg machten, fuhr hinter uns noch jemand heran. Meine Tochter sagte: „Willst du sie daran erinnern, dass die heute geschlossen haben?"

Nein, wollte ich nicht. Denn dann hätte ich zugeben müssen, dass ich den gleichen Fehler gemacht hatte, und das wollte ich nicht in alle Welt hinausposaunen. Diese kleinen Schätzchen vergrabe ich lieber.

Wenn wir auf der falschen Straße unterwegs sind, geben wir das nur ungern zu – uns selbst gegenüber und vor anderen schon gar nicht. Hin und wieder hören wir aber von wohlhabenden Sportlern, erfolgreichen Geschäftsleuten und gefeierten Schauspielern, die davon erzählen, dass sie gegen Depressionen ankämpfen, sich mit Verzweiflung und dem Gefühl, nicht wert zu sein, auseinandersetzen müssen. Wir hören von einem Prominenten, der sich das Leben genommen hat, und einen Augenblick lang fragen wir uns: Hat man uns auch angelogen? Er war doch auf der Überholspur, dort, wo alle fahren wollen. Er hatte doch Geld, sie war doch berühmt – wie kann es angehen, dass sie kein erfülltes Leben führen?

Es gibt zwei verschiedene Wege. Der eine ist schmal, schwierig zu bewältigen, und es steht „Tod" darüber, doch er führt zum Leben.

Der andere Weg ist breit, belebt, und es steht „Leben" darüber, doch er führt zum Tod. In Matthäus 16 sagt uns Jesus, was auf uns wartet, wenn wir ihm und dem schmalen Weg folgen:

> Wer von euch mir nachfolgen will, muss sich selbst verleugnen und sein Kreuz auf sich nehmen und mir nachfolgen. Wer versucht, sein Leben zu behalten, wird es verlieren. Doch wer sein Leben für mich aufgibt, wird das wahre Leben finden.
> (Vers 24-25)

Wie Tote denken

Wie sterben wir uns selbst?

Mir ist es schon häufiger passiert, dass ich mich in der Nähe eines Leichnams aufhielt. Ich habe im Zimmer gewartet, bis der Leichenbeschauer kam. Ich habe mit Angehörigen zusammengesessen, während der Ehemann und Vater seinen letzten Atemzug tat. Ich habe neben vielen Särgen gestanden, als Freunde und Familie vorbeidefilierten, um Abschied zu nehmen. Ich will nicht ungehobelt klingen, aber etwas ist mir bei Toten aufgefallen.

Sie machen sich offenbar kaum Gedanken darüber, wie die anderen über sie denken. Ihnen ist es egal, was sie anhaben.

Tote interessieren sich nicht für Aktienkurse oder Beförderungen. Durch den Tod werden solche Dinge irrelevant. Wer stirbt, gibt sich selbst hin mit allem, was er hat. Wenn Jesus davon spricht, dass wir uns selbst sterben sollen, will er, dass wir genau über diesen Punkt nachdenken. Alles, was diese Welt zu bieten hat, ist für uns gestorben, und wir sind für die Welt gestorben.

Dieses Buch stellt eine Art Weg dar, eine Schnitzeljagd, wenn Sie so wollen, und wir sind darin Jesus und seinen Lehren gefolgt. Wir haben gesehen, wie er das, was in der Welt als Wahrheit gilt, auf den Kopf stellt und von innen nach außen kehrt. Das geht uns gegen den Strich, weil wir normalerweise anders denken. Um Jesus nachzufolgen, das begreifen wir, müssen wir eine neue Brille aufsetzen, eine, die wir noch nie getragen haben. Der Schlüssel zu dieser neuen Denkweise liegt in der völligen Hingabe an Gott. Die alten Wege, die ohnehin nie zum Ziel geführt hätten, lassen wir hinter uns.

Auch die Jünger stießen sich daran. Bei mindestens drei verschiedenen Gelegenheiten stritten sie sich darüber, wer von ihnen der Größte sei. Sie folgten einem Lehrer nach, der ihnen erklärt hatte, dass der Letzte der Erste sein würde, und der ihnen jeden Tag durch sein Vorbild gezeigt hatte, wie man anderen dient. Doch ihnen fiel es schwer, die Denkweisen aufzugeben, die sie ein ganzes Leben geprägt hatten. Sie versuchten das Reich dieser Welt mit dem Reich Gottes in Einklang zu bringen, und das geht einfach nicht. Vielleicht stellt das bei der Lektüre dieses Buchs auch für Sie eine Herausforderung dar. Den Weg bis an meine Grenzen, bis ans Ende meines Ichs zu gehen, erfordert, dass ich diese Welt ganz anders sehe als vorher. Das liegt uns nicht im Blut und fällt uns schwer.

Die Jünger standen letzten Endes vor der Frage: Leben oder Tod? Sie mussten sich entscheiden, ob sie sich selbst sterben oder sich selbst leben wollten. Genau vor diese Entscheidung stellt Jesus auch Sie.

Der weichste Bademantel, den ich je getragen habe, wurde mir vom Ritz-Carlton Hotel in Naples, Florida, während meines Aufenthalts zur Verfügung gestellt. Ich hatte eine Trauung am Strand vollzogen, und Braut und Bräutigam waren so freundlich, mich eine Nacht dort unterzubringen. Ich hatte nicht erwartet, in einem solchen Nobelhotel zu übernachten, und irgendwie stand der Bademantel symbolisch für dieses ganze Erlebnis. So etwas zu tragen, bedeutet zu wissen, dass ich nur zum Telefon greifen muss und jemand mir dann einen besonders schönen Hamburger bringt, wenn ich hungrig bin – obwohl ich mir immer vorgestellt habe, dass die Bademantel tragende Gesellschafts-

> **Den Weg bis an meine Grenzen, bis ans Ende meines Ichs zu gehen, erfordert, dass ich diese Welt ganz anders sehe als vorher.**

schicht Hummer und Filet Mignon als Mitternachtssnack bestellt.
Und meine Bestellung wird nicht von einem Hotelboy mit zweifel-
hafter Ausstrahlung, der vielleicht schon von meinem Teller genascht
hat, an die Tür gebracht; nein, es klopft ein Gentleman im Smoking
und mit britischem Akzent: „Ihr Cheeseburger, Sir."*

Solch einen Bademantel zu tragen bedeutet, dass man zum Well-
nessbereich hinuntergehen und sich eine entspannende Massage gön-
nen kann. Es bedeutet, dass man plötzlich daran denkt, wie man sich
selbst verwöhnen, sich um sich selbst kümmern kann. Lassen Sie die
Handtücher nach dem Duschen auf jeden Fall auf dem Boden liegen,
das Personal wird sie schon aufheben. Und die Angestellten machen
nicht nur ihr Bett – sie lassen auch ein Schokotäfelchen auf dem Kissen liegen, um Ihnen dafür zu danken, dass sie das tun dürfen. Manche
Leute bezahlen extra dafür, dass sie sich verwöhnen lassen können und
ihr Ego Luxus genießt.

Die meisten von uns würden sagen: „Was für ein herrliches Leben!" Wir lassen uns gern bedienen. Wir wollen, dass man uns jeden
Wunsch von den Augen abliest und uns verwöhnt. Das bedeutet, dass
wir Erfolg und Macht haben. Wir haben es geschafft. Und wenn Sie
auf Ihre Landkarte schauen und sich für einen Weg entscheiden, hoffen Sie, dass er Sie durch die Fünf-Sterne-Hotels unserer Welt führt.

Doch Jesus sagt, dass sein Weg anders aussieht. Hier noch einmal
die wesentlichen Punkte der Schatzsuche, wie er sie in Matthäus 16
darstellt:

1. Verleugne dich selbst.
2. Nimm dein Kreuz auf dich.
3. Folge ihm nach.
4. Sei bereit zu sterben.

---

* Sagen Sie das einmal in ihrem besten britischen Akzent – Sie wissen genau, dass Sie das
unbedingt wollen.

Das klingt nicht besonders attraktiv. Genau darum entscheiden sich auch so wenige Menschen für diesen Weg. Man muss durch eine überaus schmale Pforte eintreten, über nicht ausgebaute Straßen ziehen und dabei das Kreuz tragen, an dem zu sterben man bereit ist. *Und wenn ich das alles tue und Jesus nachfolge, geschieht etwas Verrücktes: Ich werde das wahre Leben finden.* Wie ich bereits gesagt habe: Wo ich am Ende bin, fängt das echte Leben an.

Die Predigt mit dem Tuch

In den Evangelien lebt Jesus durchgängig beispielhaft vor, was er lehrt. Johannes 13 gehört zu den eindrücklichsten Beispielen dafür, wie so ein Leben aussieht. Es verletzt alle Grundsätze, die in unserer Welt gelten. Dienen gilt mehr als Herrschen, Demut mehr als Stolz. Das sind die Widersprüche, die Jesus vorgelebt und erklärt hat.

In dieser Geschichte begeben wir uns in das Obergemach eines Hauses, in dem Jesus mit seinen zwölf Jüngern sitzt. Die Sonne ist an diesem Donnerstag schon untergegangen, und man merkt einigen Männern an, dass sie immer noch verstimmt sind, weil sie sich darüber gestritten haben, wer der wichtigste unter ihnen ist. Drei Jahre waren sie mit Jesus unterwegs gewesen und haben immer noch nicht das Wichtigste begriffen, das Jesus ihnen beigebracht hatte.

Jesus weigert sich, ihnen noch eine weitere Predigt zu halten. Was er stattdessen tut, schockiert sie und kommt ihnen geschmacklos vor. Er greift zu einem Tuch und beginnt, ihnen die Füße zu waschen. Das ist noch eindrücklicher als die beste Predigt: Jesus geht den Weg der äußersten Demut, statt das Leben eines stolzen und einflussreichen Rabbis zu führen.

Dass der Lehrer seinen Nachfolgern dient, ist schon seltsam genug, doch es kommt noch seltsamer. Johannes erzählt, dass der Teufel Judas schon in Versuchung geführt hatte, damit er Jesus verrät – ihn an die Männer verkauft, die ihn tot sehen wollten.

Johannes schreibt auch, dass Jesus „wusste, dass der Vater ihm un-
eingeschränkte Macht über alles gegeben hatte und dass er von Gott
gekommen war und zu Gott zurückkehren würde" (Johannes 13,3).
Mit anderen Worten: Jesus verstand genau, dass er Gott war und
ihm jede Macht im Himmel und auf Erden zu Gebote stand. Und in
diesem Wissen ließ er zu, dass man ihn verriet, verhaftete, schlug, ver-
spottete, ihn in einem unfairen Schauprozess verurteilte und kreuzigte.
Er wusste, dass er über allem stand, und wählte den untersten Weg. Er
wusch dem Mann die Füße, der ihn verraten würde und auf seinen
Tod hinarbeitete.

Wenn wir nun diesen Raum betreten, sehen wir Jesus umgeben
von den Männern, die er liebt, die er durch seine Worte und Taten
geprägt hat, und die ihn beim ersten Anzeichen von Gefahr im Stich
lassen werden. Petrus wird abstreiten, dass er diesen Mann, den er als
Sohn Gottes bezeichnet hat, überhaupt gekannt hat. Drei Jahre lang
hat Jesus vor vielen Menschen Predigten gehalten und Gleichnisse
erzählt, hat Wunder getan, Krankheiten geheilt, Menschen von den
Toten auferstehen lassen und ist mit seinen Jüngern durchs Land gezogen. Nun, da er wie ein ehrloser Verbrecher gekreuzigt werden soll,
weichen nur Johannes und einige Frauen nicht von seiner Seite. Die
begeisterten Menschenmassen sind verschwunden. Nun hat die Stunde der blutrünstigen Menschen und Spötter geschlagen.

Das alles wusste Jesus. Wenn Sie oder ich dasselbe gewusst und dieselbe Macht gehabt hätten, wären wir wahrscheinlich weggerannt.
Vielleicht hätten wir unsere Macht genutzt, um uns gegen die Gegner
zu wehren, die unseren Tod suchten. Zumindest hätten wir den Jüngern ordentlich die Meinung gesagt.

Jesus aber nahm ein Tuch, tauchte es in Wasser und wusch seinen
Jüngern die Füße. Die Jünger waren schockiert, und sie wären noch
schockierter gewesen, wenn sie die ganze Geschichte gekannt hätten,
so wie wir heute. Sie wussten nicht, dass Judas Jesus verraten würde.
Sie wussten nichts vom Kreuz. Trotzdem brachte sie diese Szene aus
der Fassung.

Er stand vom Tisch auf, zog sein Obergewand aus, band sich ein Handtuch um die Hüften und goss Wasser in eine Schale. Dann begann er, seinen Jüngern die Füße zu waschen und sie mit dem Handtuch abzutrocknen, das er sich umgebunden hatte.

(Johannes 13,4-5)

Die Straßen waren staubig, und man aß auf dem Fußboden. Darum war es wichtig, sich die Füße zu waschen. Doch diese Aufgabe übernahmen die niedrigsten Diener. Normalerweise kümmerte sich ein Sklave darum. Für die Jünger war das unter ihrer Würde, deshalb meldete sich auch niemand freiwillig dafür – und schon gar nicht, wenn man gerade darüber gestritten hatte, wer von ihnen am größten und wichtigsten war.

Offenbar waren zu diesem Anlass keine Diener anwesend. Vielleicht hätten sie einfach mit schmutzigen Füßen gegessen. Das wäre ihnen immer noch lieber gewesen, als wenn ein ehrbarer Jünger diese Aufgabe übernommen hätte. Trotzdem kniete sich Jesus nieder und schrubbte ihnen den Dreck von den Füßen.

Aus der Reihe getanzt

Gott hat so eine Art, uns gerade bei den Themen, die wir anderen nahebringen wollen, auf unsere eigenen Fehler hinzuweisen. Ich schaue mir das Predigtthema für nächsten Sonntag an und frage mich, was Gott mir damit über mich selbst sagen will. Als ich mich darauf vorbereitete, diese Seiten zu schreiben, hätte es mich eigentlich nicht überraschen sollen, was dann geschah. Ich war im Drogeriemarkt, um ein paar Sachen zu besorgen, und stand als Zweiter in der Kassenschlange. Drei oder vier Kunden stellten sich hinter mir an. In Gedanken war ich schon bei dem, was ich danach noch erledigen musste. Ich stehe nämlich nur ungern Schlange.

Doch die Frau vor mir hatte nicht nur Rabattgutscheine zum Ein-
lösen mitgebracht, sondern zahlte auch noch per Scheck. Ungeduldi-
ge Menschen bemerken so etwas sofort. *Scheck und Rabattgutscheine?*
Das kann ja noch dauern.

Aber ich war auf der Hut. Ich wollte mich verleugnen und anderen
dienen, weil ich ja vorhatte, etwas über Johannes 13 zu schreiben. Ich
teilte Gott mit, dass ich darauf nicht reinfallen würde.

Die Gutscheine wurden abgearbeitet, einer nach dem anderen. Die
Frau kramte in ihrer Handtasche herum und suchte nach einem Stift,
damit sie den Scheck ausfüllen konnte. Als sie endlich einen gefunden
hatte, war die Mine leer. Als ich dann noch zusehen musste, wie sie auf
dem Pappdeckel des Scheckhefts kleine Kringel malte, um die letzten
Tintenreste aus dem Stift zu quetschen, brach ich in Schweiß aus, obwohl ich das gar nicht wollte. *Nein, Herr,* dachte ich mir. *Ich lasse mich
davon nicht nerven.*

Dann sagte die Kassiererin: „Ich muss eben noch mal den Preis für
dieses Produkt überprüfen. Ich glaube, das ist gerade im Angebot."
Ein ungläubiges Lächeln breitete sich auf meinem Gesicht aus. Ich biss
die Zähne zusammen. *Ich bleibe geduldig. Ich … sterbe mir selbst.*

Als ich dann eine Stimme hörte, glaubte ich, sie käme geradewegs
vom Himmel: „Ich kann auch in der Kosmetikabteilung abkassieren",
sagte sie. Ach, endlich erlöst! Zweifellos wollte der Herr mich damit
für meine Selbstlosigkeit belohnen. Ich drehte mich auf dem Absatz
um und marschierte auf die Kosmetikabteilung zu. Gott belohnt die
Sanftmütigen und Geduldigen. *Gute Lektion, Herr!*

Gerade als ich den Kosmetikschalter erreichte, kam ein Mann prus-
tend und schwer atmend heran. Er hatte in meiner Schlange ganz hinten gestanden, schob einen Einkaufswagen vor sich her und quetschte
sich unmittelbar vor mich. Dieses ganze Zeug von wegen „die Letzten
werden die Ersten sein" nahm er ganz ernst.

Nicht nur das: Ich hatte zwei, drei Artikel in der Hand, während
dieser Mann offenbar für eine Expedition eingekauft hatte und die
Waren aus dem Einkaufswagen auf den Tresen stellte. „Wer benutzt

denn einen Einkaufswagen im Drogeriemarkt? Wenn man einen Wagen braucht, sollte man in den Supermarkt gehen", fuhr ich ihn in Gedanken an, wie ich glaubte. Haben Sie die Anführungszeichen gesehen? Das bedeutet, dass ich diese Sätze tatsächlich laut gesagt hatte. Ich denke in *kursiver Schrift*.

Ja, der Mann hatte mich gehört. Er drehte sich um und blickte mich scharf an. Am schlimmsten wäre es meiner Meinung nach, wenn er glaubte, dass ich ein Schwächling wäre, der leise Beschimpfungen vor sich her murmelt, und deshalb entschloss ich mich, noch direkter zu werden. „Ich bin mir ziemlich sicher, dass ich als Erster drankomme, Jungchen."

Ich hoffe, das kommt im Druck nicht so rüber, als hätte ich diesen Satz durch zusammengebissene Zähne gezischt, denn das war nicht so. Ich hatte ein freundliches Lächeln aufgesetzt. Nur dass ich auch das Wort *Jungchen* benutzt hatte. Ganz egal, wie sehr man dabei lächelt, das klingt immer wie ein Fluch. Wieder einmal versuche ich alles überzukompensieren, indem ich einfach weiter redete. Verstehen Sie, so gehen Pastoren im Allgemeinen mit einer Situation um, und diese Situation erforderte einfach, dass ich noch weiterredete. „Sie sind ganz schön schnell mit dem Einkaufswagen", sagte ich. „Ich hatte gar nicht gewusst, dass ich mich mit Gymnastik aufwärmen muss, bevor ich im Drogeriemarkt einkaufe." Ich setzte ein falsches Lächeln auf.

Er erwiderte kein einziges Wort, sondern entlud einfach seinen gesamten Einkauf und legte ihn auf den Tresen.

Ich schaute auf die erste Schlange, in der ich mich angestellt hatte. So schnell, wie bei einer politischen Zusammenkunft ein Wahlversprechen auf das nächste folgt, wurden die Kunden hier abgefertigt. Die Frau mit den Scheck und den Gutscheinen war schon lange weg, und alles lief wie am Schnürchen. *Ich wäre schon längst auf dem Heimweg und könnte meinen Schokoriegel essen, wenn ich nicht die Schlange gewechselt hätte.*★

★ Ich entscheide mich immer für die falsche Schlange. Bei diesem Entscheidungsprozess sage ich mir manchmal: Normalerweise würde ich Schlange 1 nehmen, aber weil ich weiß, dass ich

Der Mann mit dem Einkaufswagen blickte mich an und sagte: „Ich habe es eilig." Das war nun nicht gerade eine Entschuldigung, und als ich mir seinen Einkauf ansah, dachte ich: *Niemand, der in Eile ist, kauft sich einen batteriebetriebenden tanzenden Weihnachtsmann.*

Ich entgegnete: „Jedenfalls sind Sie sehr schnell hier herübergerast."

Er erwiderte: „Ich habe Lungenkrebs." Das klingt, als hätte ich es erfunden, aber genau das sagte er. Er spielte die Krebskarte aus. Wahrscheinlich ist das in jeder Situation die Trumpfkarte, selbst wenn man sie in einer angespannten Situation ausspielt.

An diesem Punkt hätte ich natürlich Mitleid empfinden sollen. Natürlich hätte ich mich an meinen Vorsatz erinnern sollen, mir selbst zu sterben und anderen zu dienen. Natürlich hätte ich mein Mitgefühl ausdrücken und ihm anbieten sollen, für ihn zu beten. Natürlich. Stattdessen rollte ich mit den Augen und atmete schwer.

Als ich endlich bezahlen konnte, hörte ich das Lied „O Holy Night" über die Lautsprecher, gesungen von Harry Connick Jr. Die dritte Strophe war laut und deutlich zu hören: „Einander zu lieben lehrte er uns, Liebe ist sein Gesetz und Friede sein Evangelium."

Jeden Tag

Jeder Tag ist eine neue schmale Pforte. Wenn ich mir sterbe, ist damit ein Problem verbunden: Es passiert täglich. Immer wieder muss ich diese Entscheidung treffen. Ich kann für mich selbst leben oder ich kann für Christus leben, und das bedeutet, dass ich mein Kreuz auf mich nehme – im Drogeriemarkt, an der Tankstelle, im Wohnzimmer, im Berufsverkehr.

---

mich immer für die falsche Schlange entscheide, stelle ich mich bei Schlange 2 an. Zwangsläufig ist Schlange 2 die längere. Beim nächsten Mal sage ich mir also: Normalerweise würde ich mich für Schlange 1 entscheiden, dann aber beschließen, zur Schlange 2 zu wechseln, weil ich mich ja immer für die falsche Schlange entscheide, und dann entdecke, dass die Nummer 2 länger ist. Also bleibe ich bei Nummer 1. Aber es ist schwierig, Gott beim Hütchenspiel zu schlagen. Ich verliere immer.

Und ich muss nicht nur den Menschen dienen, die ich mag und bewundere, oder denen, die mir das Leben einfacher machen können. Nein, mir zu sterben bedeutet auch, dass ich den Menschen diene, die ich eigentlich nicht mag, nicht verstehe oder die mich sogar verletzt haben. Wie kann ich einem Ehemann dienen, der mich nicht liebt, sondern apathisch wirkt? Einer Ehefrau, die niemals ein Wort der Ermutigung für mich hat? Einem Kind, das nur Rebellion im Sinn hat? Dem unfreundlichen Kerl auf der anderen Straßenseite? Dem Fahrer, der auf der Autobahn mein Leben in Gefahr bringt? Dann muss ich mir selbst sterben. Wenn Jesus Judas die Füße waschen kann, ist es für mich an der Zeit, seinem Beispiel zu folgen und nicht mehr für mich zu leben.

Das Leben im Ritz-Bademantel spricht uns an, weil es darin nur um uns geht und um die Leute, die uns bedienen. Das Leben mit Handtuch und Schüssel ist das genaue Gegenteil und spricht uns überhaupt nicht an. „Warum sollte ich das tun?", fragen wir uns. „Wenigstens einmal sollte *mir* jemand dienen. Ich tue doch mehr als meine Pflicht. Warum kann ich denn nicht so ein angenehmes Leben führen wie manche anderen Leute?"

Am Ende von Tod, Leid und Selbstopfer beginnt die Auferstehung.

Und während wir schmollen und auf unser vermeintliches Recht pochen, schauen wir nach unten und sehen, wie Jesus uns die Füße wäscht – Jesus, der vollkommen ist und als Lohn das Schlimmste empfängt, was Menschen einander antun können. Der Mensch gewordene Gott, der sich selbst erniedrigte und Knechtsgestalt annahm; Jesus, der uns so viel gibt, sogar sein Leben, und dabei weiß, dass wir ihm nichts zurückgeben können.

Jesus hing am Kreuz und trat vor Gott für die Menschen ein, die ihn gekreuzigt hatten. Seine Wunden bluteten, und während er qualvoll erstickte, bat er Gott, seinen Henkern zu vergeben, weil sie nicht verstanden, was sie taten.

Das war das Ende des öffentlichen Wirkens Jesu, das Ende seines irdischen Lebens. Jesus war am Ende, doch er wusste, dass das der Beginn von etwas Neuem war, das alles verändern würde. Am Ende von Tod, Leid und Selbstopfer beginnt die Auferstehung. Wenn wir den Menschen dienen wollen, bei denen uns das am schwersten fällt, müssen wir uns selbst sterben. Wenn wir den Menschen vergeben, die uns verletzt haben, wird uns der Segen Gottes überraschen und verändern. Meiner Verbitterung und meinem Zorn etwas entgegenzusetzen, bedeutet, mich aus ihrem Griff zu lösen. Es bedeutet, sich aus der selbst auferlegten Haftstrafe zu befreien.

Gehen wir noch einmal ins Obergemach zurück. Jesus wusch seinen Jüngern zu einem Zeitpunkt die Füße, als er genug eigene Probleme hatte. Wenn das Leben nicht gut läuft, möchte man am liebsten den Bademantel überstreifen, etwas Schönes essen und Zeit für sich haben. Wenn wir in Schwierigkeiten geraten, machen wir genau das Falsche.

Unser altes Ich steigt mit uns aus dem Bett, und es erfordert einen Willensakt, Christus anzuziehen, jeden Tag neu.

Sich von allem zurückzuziehen, ist eine schlechte Medizin. Wenn wir uns schlecht fühlen, haben wir keine Lust, anderen zu dienen, aber es ist erstaunlich, welche heilende Wirkung es hat, gerade dann für andere dazusein. Sicher, Sie haben Freunde, die Sie besuchen, Sie verwöhnen und Ihnen dienen würden, während Sie über ihren Problemen brüten. Jesus aber tat genau das Gegenteil. Er verwöhnte andere. Vielleicht sammelte er Kraft für den Albtraum, der ihm bevorstand, indem er das Tuch und nicht den Bademantel nahm.

Bei schwerer See können Sie nichts Besseres tun, als jemand anders zu dienen.

Sogar zu Weihnachten, wo wir feiern, dass Gott sich kleingemacht und in Menschengestalt zu uns gekommen ist, lassen wir uns lieber bedienen als anderen zu dienen. Während ich diese Zeilen schreibe, packen wir gerade die Geschenke ein. Im Lauf der Jahre ist mir aufgefallen, dass unsere Kinder die Pakete zählen. Und sie zählen nicht nur ihre eigenen Geschenke, sondern auch die ihrer Geschwister, um sicherzugehen, dass auch ja niemand mehr bekommt als die anderen.

Jüngere Kinder achten sogar darauf, wer das größte Paket bekommt. Wir sagen: „Gut, dass sie irgendwann erwachsen werden", aber ich bin mir nicht sicher, ob wir selbst wirklich erwachsen sind. Wir wissen es nur besser zu verbergen. Wir versichern unserem Ehepartner: „Dieses Jahr brauchst du mir nichts zu Weihnachten zu schenken." Erfahrene Eheleute hören nicht auf so etwas. In Wirklichkeit bedeutet das nämlich: „Du sollst wissen, dass ich weder anspruchsvoll noch fordernd auftrete. Aber wenn du versäumst, mir etwas zu schenken, werde ich dir das bis zu deinem Todestag vorhalten!"

Es steckt in uns Menschen drin, dass wir vor allen Dingen uns selbst im Blick haben. So sind wir gestrickt. Jesus lehrt uns, uns selbst zu verleugnen, uns selbst zu sterben, doch das heißt nicht, dass es uns leichtfällt. Wenn wir morgens aufstehen, sind wir immer noch Menschen. Unser altes Ich steigt mit uns aus dem Bett, und es erfordert einen Willensakt, Christus anzuziehen, jeden Tag neu.

Von nun an

Jesus bringt seine Arbeit zu Ende und erklärt den Jüngern, dass sie nun einander die Füße waschen sollen (Johannes 13, 14). Die Verbform im Griechischen weist auf eine immer wiederkehrende Handlung hin. Jesus sagt hier nicht, dass das Füßewaschen eine einmalige geistliche Übung sein soll. Er sagt: Von nun an sollt ihr das immer wieder tun. Sie hatten sich über ihre Rangordnung gestritten, und Jesus sagt ihnen, dass sie sich von heute an selbst erniedrigen sollen, dass einer den anderen mehr achten solle als sich selbst. Er fordert sie auf, jeden Tag und in jeder Beziehung sich selbst zu sterben.

Sich Zeit für sich selbst zu nehmen: Dabei geht es um den Bademantel – Selbstdarstellung, Aufstieg auf der Karriereleiter, Konkurrenz.

Sich selbst zu sterben: Dabei geht es um das Tuch, mit dem man anderen die Füße wäscht – Dienst, Ermutigung, anderen Gottes Segen zuzusprechen. Tod.

Das Paradoxon liegt natürlich darin, dass nach den Worten Jesu der Weg zum Leben durch den Tod führt. Wie kann das angehen? Was das bedeutet, kann ich nur erfahren, wenn ich dieser Anweisung folge. Wenn ich an meine Grenzen stoße, mich verleugne, löse ich mich innerlich von dem unaufhörlichen Kampf, wie er bei dem comicreifen Streit der Jünger um die Rangordnung zum Ausdruck kommt. Ich werde frei von der Tyrannei und Einsamkeit, die der Rückzug auf mich mit sich bringen wird. Ihnen bin ich gestorben und kann nun für Christus leben.

Was für uns wie der Weg nach oben aussieht, ist in Wirklichkeit der Weg ins Verderben; und was für uns wie der Weg nach unten aussieht, ist in Wirklichkeit der Weg zur Errettung.

Natürlich könnte ich weiterleben wie bisher, versuchen, ganz nach oben zu kommen, Besitz anzuhäufen und Gewinn zu machen. Dann würde mir Jesus diese Frage stellen: „Was nützt es, die ganze Welt zu gewinnen und dabei seine Seele zu verlieren?" (Matthäus 16,26). Mit anderen Worten: Was passiert, wenn ich das wirklich bekomme, dem ich hinterherjage? Was wäre, wenn ich die Traumvilla, das Büro in der Chefetage, den Mercedes in der Sonderedition wirklich bekommen würde? Was passiert, wenn sich der vergrabene Schatz als leere Kiste entpuppt? Was, wenn ich begreife, dass meine Seele bei diesem erbarmungslosen Tempo irgendwo auf der Strecke geblieben ist?

Die Höllenfahrt der Poseidon ist ein Film über einen Passagierdampfer, der in einen furchtbaren Sturm gerät. Eine Wasserwand trifft auf den Ballsaal. Männer im Smoking und Frauen in Abendgarderobe versuchen, sich schreiend in Sicherheit zu bringen. Überall herrscht Chaos, die Lichter gehen aus, und das Schiff kentert.

Noch ist genug Luft eingeschlossen, um den Dampfer nicht sinken zu lassen. Die Passagiere jedoch geraten in Panik und versuchen, mit dem Leben davonzukommen. Sie sind so orientierungslos, dass sie das oberste Deck über die Treppe erreichen wollen. Das Problem ist allerdings, dass das oberste Deck sich inzwischen über dreißig Meter unter Wasser befindet. Wer nach „oben" will, muss ertrinken.

Nur diejenigen überleben, die die althergebrachte Logik von oben und unten infrage stellen. Während die anderen in ihr Verderben laufen, begeben sie sich noch tiefer in den Schiffsbauch. Ganz unten, dicht am Kiel, sind sie über der Wasseroberfläche – also oben. Rettungskräfte hören, wie sie von innen gegen den Rumpf hämmern, und retten sie mit dem Schneidbrenner.

Unsere Welt gleicht einem gekenterten Schiff: Was für uns wie der Weg nach oben aussieht, ist in Wirklichkeit der Weg ins Verderben; und was für uns wie der Weg nach unten aussieht, ist in Wirklichkeit der Weg zur Errettung.

Nur wenn wir Jesus folgen, nur wenn wir den Weg des Kreuzes und der Selbstverleugnung wählen, können wir wirklich leben.

Am Ende

Schauen Sie sich einmal um, zu Hause, am Arbeitsplatz und in Ihrer Stadt, und suchen Sie nach Möglichkeiten, den Bademantel abzulegen und zum Handtuch zu greifen. Mir selbst zu sterben, ans Ende meiner selbst zu kommen, ist eine tägliche Entscheidung *und* eine tägliche Tat.

Als Pastor und Schriftsteller greife ich manchmal zu besonders dramatischen Beispielen, die Ihnen eine neue Sicht vermitteln, und ich habe hier wirklich mein Bestes gegeben, damit Ihre Aufmerksamkeit nicht nachlässt. Aber dass Jesus den Jüngern die Füße wäscht, wirkt deshalb so stark, weil es eine ganz schlichte Handlung ist. Wenn ich am Ende meiner selbst angekommen bin, spielt die große dramatische Geste keine Rolle mehr für mich.

Ich möchte Ihnen noch ein solch einfaches Beispiel erzählen und hoffe, dass es Sie anregen wird, etwas Ähnliches zu tun. Nichts klingt daran überdreht oder melodramatisch. Ich habe erst diese Woche davon gehört. Jack und Patsy gehören zu der Gemeinde, in der ich auf der Kanzel stehe, sie sind erfolgreiche Geschäftsleute und in unserer Stadt gut angesehen.

Man könnte erwarten, dass sie in einer luxuriösen Villa leben. Aber sie wohnen in einem Viertel, das man eher als rau bezeichnen würde. Einige Male haben sie schon darüber nachgedacht umzuziehen. Doch einerseits wollen sie in der Nähe ihrer Eltern bleiben. Und außerdem haben sie normalerweise so viel zu tun, dass sie sich nicht auf die Suche nach einem geeigneten Haus machen können.

An einem Wochenende hörten die Rileys in der Gemeinde eine Predigt darüber, dass man die Liebe Gottes den Menschen im Viertel zeigen solle, indem man sich um Menschen in Not kümmert. Wie immer nahmen sich die beiden die Botschaft zu Herzen. Patsy kam zu dem Schluss, dass Gott sie berufen hatte, alleinerziehende Mütter und ältere Leute in der Nachbarschaft kennenzulernen, um ihnen zu dienen. Sie lud zu einer Party ein, ganz altmodisch mit Popcorn, Hot Dogs und Limonade. Die Rileys gingen von Haus zu Haus und verteilten 150 Einladungszettel. Als der Tag gekommen war, standen sich die Leute im Garten fast auf den Füßen, lachten, genossen den Tag und schlossen Bekanntschaft miteinander.

Gegenüber liegt eine preiswerte Pension der Economy Inn-Kette. Patsy blickte auf und bemerkte, dass Leute auf dem Balkon standen und die Party beobachteten. Sofort spürte sie, dass Gottes Geist ihr sagte: *Jetzt ist für die Zeit gekommen, etwas zu tun.* Der Economy Inn stellt preiswerte Unterkünfte zur Verfügung, und Patsy entschloss sich, eine Weihnachtsparty für die Bewohner zu geben.

Sie legten den 15. Dezember fest und begannen mit den Vorbereitungen. Sie kauften etwas zu essen und zu trinken, stellten eine Weihnachtskrippe auf, besorgten Geschenkgutscheine von Walmart und bereiten Kinderspiele vor. Über einhundert Gäste von gegenüber kamen zur Party der Rileys. Darunter waren Collegestudenten, die in der Nähe der Buslinien wohnen mussten, Familien, die ihr Heim verloren hatten, und ältere Leute, die schon seit Jahren im Economy Inn lebten.

Auf die Gäste warteten Lasagne, Brot, Salat und alle möglichen Desserts. Patsy verteilte auch kleine Behälter, damit man die Essensreste mit nach Hause nehmen konnte. Viele neue Freundschaften wurden an diesem Tag geschlossen. Das Lachen war echt und unverfälscht, denn den Menschen war etwas wirklich Gutes widerfahren, und der Zynismus und die Kleingeistigkeit unserer Zeit hatten hier einen Abend lang nichts zu suchen.

Jack und Patsy investierten eine Menge in diese Feste: Zeit, Talent, Geld und Kraft. Persönliche Ziele blieben außen vor, ihr „Ich" spielte nur eine Nebenrolle. Sie dienten und gaben anderen etwas. Und sie bekamen viel mehr zurück, als sie geopfert hatten.

Uns selbst zu verleugnen, oder anders gesagt, andere zu lieben, ist keine Möglichkeit, die wir hin und wieder wahrnehmen sollten, sondern ein Lebensstil, der alles beeinflusst.

Wenn Sie mit dabei gewesen wären, würden Sie sich fragen, warum wir nicht jeden Tag mehr so wie sie leben könnten. Nicht, dass das eine seltene und besonders kostbare Gelegenheit gewesen wäre. Doch in Wirklichkeit ist es so: Wenn wir Gott bäten, uns eine Aufgabe zu geben, so wie es die Rileys taten, würde er uns zeigen, wo wir anfangen sollen. Und überall links und rechts von uns gibt es solche Orte. Uns selbst zu verleugnen, oder anders gesagt, andere zu lieben, ist keine Möglichkeit, die wir hin und wieder wahrnehmen sollten, sondern ein Lebensstil, der alles beeinflusst. So baut Gott sein Reich, Haus für Haus, Drogeriemarkt für Drogeriemarkt, Gesicht für Gesicht, Augenblick für Augenblick.

Diesen Tod müssen wir sterben. Keinen einmaligen Tod. Keinen teilweisen Tod. Es ist ein täglicher Tod. Und jedes Mal, wenn ich das Ende meiner selbst erreiche, entdecke ich, was ich mir die ganze Zeit gewünscht habe – das wahre Leben in Fülle, wie es Jesus Christus schenkt.

Fragen zum Weiterdenken

Kapitel 1: Zerbrochen, um heil zu werden

1. Denken Sie an eine Zeit in Ihrem Leben zurück, als Sie wussten: Jesus ist real und wirklich hier. Vervollständigen Sie diesen Satz: Jesus wurde für mich real, als …
2. Was bedeutet „bankrott im Geist" für Sie? Wann haben Sie so eine Situation selbst erlebt?
3. Wie würden Sie den Segen beschreiben, den die Armut im Geist mit sich bringt?

Kapitel 2: Trauern, um glücklich zu sein

1. Wie vermeiden Sie es, dass man Sie als zerbrochenen Menschen sieht?
2. Wann haben Sie in Ihrem Leben getrauert? Wie würden Sie den Segen beschreiben, den das mit sich brachte?
3. Wenn Sie nicht in der Lage sind, den Segen zu sehen, den Trauer mit sich bringt, wie können Sie dann mit dem Schmerz umgehen?

Kapitel 3: Erniedrigt, um erhöht zu werden

1. Haben Sie schon einmal erlebt, dass Sie gesegnet wurden, wenn Sie sich Ihrer Sünde stellten? Wenn ja, wie haben Sie sich dann gefühlt?
2. Haben Sie sich schon einmal dabei ertappt, dass Sie sich wie ein Pharisäer benommen haben? Seien Sie ehrlich! Vergessen Sie nicht: Es ist immer die Wahrheit, die Sie frei macht.
3. Üben Sie Demut ein? Wie?

Kapitel 4: Authentisch leben

1. Wie würden Sie mit eigenen Worten beschreiben, was es heißt, ein reines Herz zu haben?
2. In welcher Hinsicht sind Sie im Umgang mit anderen manchmal nicht authentisch?
3. Denken Sie einmal daran zurück, als Sie Gott oder einem anderen Menschen eine Sünde bekannt haben. Wie haben Sie sich danach gefühlt?

Kapitel 5: Leer, um gefüllt zu werden

1. Haben Sie in Ihrem Leben schon einmal Leere verspürt?
2. Wie hat sich Gott Ihnen gezeigt, um diese Leere zu füllen?
3. Welche Menschen, Orte oder Aktivitäten füllen den Raum in Ihrem Leben, der eigentlich Gott vorbehalten ist? Sind Sie bereit, ihm das alles zu geben?

Kapitel 6: Hilflos, um befähigt zu werden

1. Gibt es einen Lebensbereich oder eine Situation, wo Sie sich hilflos fühlen? Ergreifen Sie die Initiative – beten Sie, reden Sie mit jemandem, treffen Sie eine Entscheidung. „Steh auf, nimm deine Matte und geh!" Wenn Sie nicht sicher sind, was Sie tun sollen, bitten Sie Gott um Klarheit, hören Sie und tun, was er Ihnen sagt.
2. Was hindert Sie daran, um Hilfe zu bitten? Sind Sie bereit, dieses Hindernis wegzuräumen und zuzulassen, dass Gott oder ein anderer Mensch Ihnen hilft?
3. Je hilfloser ich bin, desto besser. Was halten Sie von dieser Vorstellung?

Kapitel 7: Unqualifizierte Bewerber

1. Angenommen, Geld und Zeit spielen keine Rolle: Wie würden Sie sich wünschen, dass Gott Sie gebraucht?
2. Was macht Sie Ihrer Meinung nach für den Dienst für Gott ungeeignet? Wer hat behauptet, dass diese Einwände stimmen?
3. Stellen Sie eine Liste mit allen Punkten auf, die Sie für den Dienst an Gott „disqualifizieren". Dann übergeben Sie diese Liste Gott, sagen sich von ihr los und zerreißen Sie sie.

Kapitel 8: Schwach, um stark zu sein

1. Welche Schwächen haben Sie?
2. Haben Sie schon einmal Gottes Stärke angesichts Ihrer Schwäche erlebt?
3. Wo neigen Sie dazu, Ihre Schwächen zu verbergen? Was würde geschehen, wenn Sie sie aufdecken?

Am Ende

1. Lesen Sie noch einmal Matthäus 7,13-14. Wie oft merken Sie, dass Sie auf dem breiten Weg gehen? Was müssen Sie tun, um auf den schmalen Weg zurückzufinden?

2. Lesen Sie noch einmal Matthäus 16,24-25. Wie oft ertappen Sie sich dabei, Ihr eigenes Leben zu retten?

3. Mit meinem Ich am Ende zu sein, bedeutet, mein Leben (mein Ego, meine Überlebenstaktik) an Jesus zu verlieren. Es bedeutet, dass ich jeden Tag sterbe und mich bewusst für Jesus entscheide, der alles auf den Kopf stellt. Sind Sie bereit dafür?

Ich würde gern von Ihnen hören, wie es für Sie läuft. Sie können mir gern in englischer Sprache auf Facebook schreiben: www.facebook/kyleidleman

Gerne auch über meine Website: www.kyleidleman.com

Quellen

Kapitel 1: Zerbrochen, um heil zu werden

1. "Evolution of Dance," YouTube-Video, 6:00, gepostet von Judson Laipply, 6. April 2006, www.youtube.com/watch?v=dMH0bHeiRNg.

2. "Teaser of the Upcoming Documentary Film Landfill Harmonic," YouTube -Video, 3:27, gepostet von LandfillHarmonic, 17. November 2012, www.youtube.com/watch?v=fXynrsrTKbI.

3. Brené Brown, *I Thought It Was Just Me (But It Isn't)*. Gotham, New York 2007, S. 145.

Kapitel 2: Trauern, um glücklich zu sein

1. William Barclay, *Auslegung des Matthäusevangeliums* I. Aussaat, Wuppertal 1971, S. 91.

2. Augustinus, *Bekenntnisse*, 5. Buch, 10. Kapitel, online abrufbar unter http://www.mobileread.com/forums/showthread.php?t=70417.

Kapitel 3: Erniedrigt, um erhöht zu werden

1. Warren W. Wiersbe, *Wiersbe's Expository Outlines on the New Testament*. David C Cook, Colorado Springs, CO 1992, S. 83.

2. Nik Wallenda mit David Ritz, *Balance: A Story of Faith, Family, and Life on the Line*. FaithWords, New York 2013, S. 207f.

Kapitel 4: Authentisch leben

1. John R. W. Stott, *Botschaft der Bergpredigt*, pulsmedien, Osthofen 2010, S. 51.

Kapitel 5: Leer, um gefüllt zu werden

1. Mutter Teresa, http://gerhard-lenz-berlin.blogspot.de/2014/02/geistli che-armut-im-westen.html.

2. Tim Kreider, "The 'Busy Trap," The Opinion Pages (blog), New York Times, 30. Juni 2012, ,http://opinionator.blogs.nytimes.com/2012/06/30/the -busy-trap/?_r=0.

3. Tiffany Limtanakool, "TV-Turnoff Week Promotes Healthy Living," Medscape, www.medscape.com/viewarticle/503758.

4. Quentin Hardy, "The Rise of the Toilet Texter," Bits (Blog), New York Times, 30. Januar 2012, http://bits.blogs.nytimes.com/2012/01/30/the-rise-of-the-toilet-texter/.

5. Gary Thomas, *The Sacred Search: What If It's Not about Who You Marry, But Why?* David C Cook, Colorado Springs, CO 2013, S. 29–30.

6. D. L. Moody, zitiert und übersetzt nach Josiah Hotchkiss Gilbert, *Dictionary of Burning Words of Brilliant Writers: A Cyclopedia of Quotations from the Literature of All Ages.* Wilbur B. Ketcham, New York 1895, S. 319.

7. D. L. Moody, zitiert und übersetzt nach Martin H. Manser (Hg.), *The Westminster Collection of Christian Quotations: Over 6,000 Quotations Arranged by Theme.* Westminster John Knox Press, Louisville, KY 2001, S. 47.

Kapitel 6: Hilflos, um befähigt zu werden

1. Michael E. Addis and James R. Mahalik, "Men, Masculinity, and the Contexts of Help Seeking," American Psychologist, 5. Januar 2003.

2. Frank Minirth und Paul Meier, *Happiness Is a Choice: New Ways to Enhance Joy and Meaning in Your Life.* Baker Books, Grand Rapids, MI 2013, S. 126.

Kapitel 7: Unqualifizierte Bewerber

1. Chuck Colson, "God Used My Greatest Defeat," Predigtbeispiel aus "The Gravy Train Gospel," PreachingToday, aufgerufen am 18. Dezember 2014, www.preachingtoday.com/illustrations/2012/may /7050712. html.

Kapitel 8: Schwach, um stark zu sein

1. Vgl. Corrie ten Boom, *Mit Gott durch Dick und Dünn*, SCM Hänssler, Holzgerlingen 2010.

Kyle Idleman

AHA

Der Moment, der dein Leben verändert

Das Buch mit dem AHA-Effekt: Aufwachen – Hingucken – Anpacken! Kyle Idleman („not a fan") zeigt auf humorvolle und anschauliche Weise, was nötig ist, damit aus einem Moment der Selbsterkenntnis eine nachhaltige Veränderung wird, die die Tiefenschichten der eigenen Christus-Nachfolge berührt. Mit den Erfahrungen biblischer Personen, persönlichen Geschichten und herausfordernden Fragen nimmt er Sie mit auf die Reise zu einem Leben, das sich von Jesus formen lässt.

Gebunden, 14 x 21,5 cm, 208 S.
ISBN: 978-3-417-26595-8
Auch als E-Book

SCM

R.Brockhaus